Yol Rehberim

-2-

YOL
REHBERİM
-2-

Hazırlayan
Yusuf KARAGÖL

YOL REHBERİM - 2

Editör
Aslı KAPLAN

Görsel Yönetmen
Engin ÇİFTÇİ
Ali ÖZER

Kapak
Ali ÖZER

Sayfa Düzeni
Bekir YILDIZ

ISBN
978-605-5468-38-5

Yayın Numarası
516

Basım Yeri ve Yılı
İmak Ofset
Kocasinan, Merkez Mah. Atatürk Cad.
Göl Sk. No:1 Bahçelievler / İSTANBUL
www.imakofset.com.tr
Tel: (0212) 656 49 97
Ekim - 2011

Genel Dağıtım
Gökkuşağı Pazarlama ve Dağıtım
Merkez Mah. Soğuksu Cad. No: 31
Tek-Er İş Merkezi Mahmutbey / İSTANBUL
Tel: (0212) 410 50 60 Faks: (0212) 445 84 64

Muştu Yayınları
Bulgurlu Mahallesi Bağcılar Caddesi No:1
34696 Üsküdar / İSTANBUL
Tel: (0216) 522 11 44 Fax: (0216) 522 11 78
www.mustu.com
facebook.com/kitapkaynagi

İçindekiler

1. BÖLÜM

2. BÖLÜM

3. BÖLÜM

4. BÖLÜM

5. BÖLÜM

6. BÖLÜM

7. BÖLÜM

8. BÖLÜM

9. BÖLÜM

İLAVE KONULAR

1. BÖLÜM

1. KONU

OKUMANIN ÖNEMİ

İnsan, Okumakla Olgunluğa Erer

İnsan, okudukça olgunluğa erer. Çünkü okumak ruhun gıdası, olgunlaşmanın kaynağıdır. Okuyan insan okudukça ne kadar az şey bildiğinin farkına varır. Ve okudukça iç dünyasında daha fazla okuma iştihası kabarır. Aslında okunan her kitap, insana daha fazla okuması gerektiğini fısıldar. Böylece okuma, bir hayat biçimi hâline gelir ve insan, bir gün bile okumadan yapamaz.

Geçmişimiz böylesi tabiri caizse okuma tiryakileriyle doludur. İşte size birkaç misal:

Büyük âlim Hammad er-Râvî'ye: "İlimle meşguliyete doymayacak mısın, artık yetmez mi?" dediklerinde şu cevabı vermiştir: "Ne yapalım, var kuvvetimizi harcadık, ilmin nihayetini bulamadık. Dağın birini geçince, başka bir dağ çıktı karşımıza."

* * *

İhtiyar olduğu için ilimden sıkılan ve "Bu yaşta bize okumak yakışır mı?" diyerek utanan amcasına Abbasi halifesi Me'mun şu cevabı verir: "İlim talebesi olarak ölmen, cehalete kanaat ederek yaşamandan daha hayırlıdır."

* * *

İmam Azam'ın talebelerinden Ebû Yusuf, vefatı anında bayılır ve gözlerini yumar. Neden sonra gözlerini açar ve başında duran kimseye ilmî bir mesele sorar. O da, "Şimdi mesele halletmenin zamanı değil, biraz istirahat eyle." Deyince ona şu cevabı verir: "Keşke ilimle meşgulken gelse bana gelecek olan. Ben de öylesine bir meşguliyet içindeyken gitsem öbür tarafa..."

* * *

Tâbiîn'in büyüklerinden Katâde b. Diâme, hayatı boyunca durmadan öğrenme çabası içerisindeydi. Onun talebelerinden Matar el-Verrak bu durumu şöyle ifade eder: "Katâde vefat edinceye kadar öğrenci (müteallim) olmaya devam etmiştir."

* * *

Astronom Laplace 78 yaşında öldüğünde hâlâ işinin başında olduğunu söylemiş ve son sözü de şu olmuştur: "Bildiklerimiz hiçbir şey. Bilmediklerimiz ise muazzam..."

* * *

75 yaşında ölen ve ilk İngiliz lügatını yazan Samuel Johnson, ölümünden birkaç yıl önce Hollanda dilini (Hollandaca) öğrenmeye başlamıştır.

Evet, insan sürekli içinde bulunduğu ânı değerlendirmelidir.

Boşa geçen, kalbine, aklına ve ruhuna fayda veremeden geçirdiği zamanlarına üzülmelidir. İçinde bulunduğu ânı değerlendiremeyenler için bugün yok, hep yarın vardır. "Hele dur bakalım daha erken, yaparız ve ederiz" diyenlere en güzel cevap: "Şimdi değilse ne zaman?" olmalıdır. Evet "Yarını bugünle satın al!" diyen ne güzel demiştir.

2. KONU

OKUMANIN FAYDASI

Okumak, Beynimizin Genç Kalmasını Sağlar

Ford motorun kurucusu meşhur Henry Ford'un şöyle bir tespiti vardır: "Öğrenmeyi terk eden kimse, ister yirmi yaşında olsun, ister seksen, ihtiyar demektir. Öğrenmeye devam eden, kim olursa olsun, genç kalır. Dünyada en güzel şey, zihninizi genç tutmaktır."

Yapılan son araştırmalar bize şunu gösteriyor: Yirmi yaşından itibaren herkesin beyninde her gün elli bin civarında sinir hücresi ölür ve yerine yenileri bir daha gelmez. İşte bu ölümlerin artması neticesinde bunama ortaya çıkıyor. Okumayan bir insan, yirmili yaşlarından itibaren ölmeye başlayan sinir hücreleri ile hızla bunamaya başlıyor. Düzenli okuyan kimseler ise, başka bir sebep yoksa bundan kurtulma şansı yakalıyor. Çünkü kitap okumak beyin hücrelerini koruyor. Beynimizin genç kalmasını istiyorsak, beyin hücrelerimizi sürekli çalıştırmamız gerekiyor. Bunun için de bol bol kitap okuyup, beyin jimnastiği yapmalıyız.

Son zamanlarda bütün dünyada öldürücü Alzheimer hastalığı her geçen gün artıyor. Zihin yeteneklerinin azalması (bunama) olan bu hastalık 65 yaşın üstündeki her yüz kişiden yedisini etkiliyor. Hatta araştırmalarda bu hastalık kanserden sonra üçüncü ölüm sebebi olmak üzere yerini almaya başladı bile.

Araştırmalar bu hastalığın yaşlılar arasında yayılmasının gerçek sebebinin, zihin egzersizleri eksikliği olduğunu gösteriyor. Gereğince çalıştırılmayan beyin hücreleri köreliyor.

Kültürel ilgi azaldığı, yok olduğu zaman hafıza merkezindeki hücreler, iyice körleşip gidiyor, ölüyorlar. Okumak insana zihnî egzersiz yaptırır. Beyin hücrelerinin canlı kalmasını sağlar. Bu yüzden okuyan insanlarda yaşlılıkta bunamaya, okumayanlara göre daha az rastlanıyor.

Bu konuyla alakalı geçmişte yaşanmış şöyle bir vak'a anlatılır:

Yer Amerika. Yüksek mahkeme üyesi Oliver Wendell Holmes 90 yaşında kendi isteği ile emekli olunca yeni

Cumhurbaşkanı seçilen Roosevelt onu evinde ziyaret eder. Onu kütüphanesinde Eflatun'u okurken bulunca sorar: "Hâkim bey! Eflatun'u niçin okuyorsunuz?" Yaşı doksan olan hâkimin verdiği cevap hepimizin ders alması gereken cinsten: "Beynimi geliştirmek için okuyorum sayın başkanım!" Unutkanlık sorunu yaşayan öğrenciler kitap okumaya daha ağırlık vermeli, zihinlerini tembelliğe alıştırmamalıdırlar.

Peygamber Efendimiz Bizden Okumamızı İstiyor

Hadis kitaplarına baktığımızda Peygamber Efendimiz'in (sallallâhu aleyhi ve sellem) pek çok hadislerinde ilmi, âlimi ve ilim öğrencisini övdüğünü, biz ümmetini ısrarla okumaya ve ilme teşvik ettiğini görüyoruz. İlim talebinin her Müslüman'a farz olduğunu söyleyen Efendimiz, başka bir hadislerinde ilmin mü'minin yitiği olduğunu ve onu nerede bulursa hemen alması gerektiğini ifade buyuruyor.

Efendimiz, ahirette âlimlerin mürekkebinin şehitlerin kanı ile tartılacağını ve âlimlerin mürekkebinin şehitlerin kanına üstün geleceğini, peygamberlerin âlimler üzerinde iki derece, âlimlerin ise şehitler üzerinde bir derece üstünlüğü olduğunu vurguluyor.

Başka bir hadislerinde, "İlim talep etmek niyetiyle evinden çıkan her talebenin üstüne melekler kanat gererler ve Allah ona cennetin yolunu kolaylaştırır. Âlim için göklerde ve yerde bulunan her şey, denizde balığa varıncaya kadar istiğfarda bulunur. Âlimin âbid (yani ibadetle meşgul olan) üzerindeki üstünlüğü, dolunay durumundaki ayın diğer yıldızlara üstünlüğü gibidir. Âlimler peygamberlerin varisleridir. Peygamberler para-pul miras bırakmazlar, ama ilim bırakırlar. Ancak kim de ilim elde ederse nasibin bolunu elde etmiş olur." buyuran Allah Resûlü, zaman zaman da "Allah'ım, bana öğrettiklerinden beni yararlandır; bana yarar sağlayacak ilim öğret, ilmimi artır." şeklinde Allah'a dua ediyordu.

Bizden açık bir dille kitap okuyup ilim öğrenmemizi isteyen Peygamberimiz, devamla, "Allah, ilimle bir kısım milletleri yükseltir, hayırda komutan ve önder yapar, onların izlerinden gidilir ve fiillerine uyulur." buyuruyor. "Âlimin âbide (ibadet eden kula) karşı yetmiş derece üstünlüğü vardır. Her iki derece arasındaki mesafe, dünya ile gökyüzü arasındaki mesafe gibidir."

Peygamber Efendimiz okumayı teşvik ettiği gibi aynı zamanda okuma neticesinde elde edilen bilgilerin başkalarıyla paylaşılmasını da istiyor: "Sadakanın en değerlisi, Müslüman'ın ilim öğrenip, Müslüman kardeşine öğretmesidir." "Allah, melekler, arz ve semada bulunan her şey, yuvasındaki karıncaya, denizdeki balığa varıncaya kadar (bütün canlılar) halka hayır öğreten muallime dua ederler." Konuyla alâkalı daha pek çok hadisi şerif var elbette. Biz daha fazla uzatmamak için detaylı bilgi edinmek isteyenleri hadis kitaplarına bakmalarını tavsiye edip bu faslı geçiyoruz.

3. KONU

ALLAH'A İMAN

Bir Şey Kendi Kendine Meydana Gelebilir mi?

Mevcudatı meydana getiren atom ve atom altı varlıklar devamlı bir değişim içindedir. Aynı zamanda bu atomlar kâinatta bulunan her şeyle irtibatlı olarak hareket etmektedirler. Bu durumda "Kâinattaki her şey kendi kendine meydana geliyor." denildiği takdirde bu zerrelerin kâinatı meydana getirebilecek şekilde bir ilim ve iradeye sahip olduğunun kabul edilmesi gerekecektir ki, bu da aklen imkânsızdır.

İnsan mevcuttur. O basit bir madde ve cansız bir varlık değildir. İnsan daima yenilenen, gayet muntazam bir makine ve harika ve daima değişkenlik arz eden bir saray gibidir. İnsan vücudu kâinatla devamlı bir münasebet hâlindedir. İnsanı meydana getiren zerreler, bu münasebeti bozmamak için baş döndürücü ve akıl almaz bir şekilde hassasiyet göstermektedirler.

Şimdi şayet insanın vücudundaki bu zerreler, Allahu Teâlâ'nın kanunuyla hareket eden küçücük memurlar veya O'nun bir ordusu olarak kabul edilmediği takdirde mesela onun gözünde bulunan her bir zerreye öyle bir göz lâzımdır ki, o gözün insanın vücudunun her tarafını görmekle beraber, devamlı münasebet içinde olduğu bütün kâinatı dahi görmesi gerekecektir ki, bu aklen mümkün değildir.

Gözümle Görmediğime İnanmam!

İnançsız bir adam, İmam Azam Hazretleri'ne şöyle bir sorar:

– Allah varsa O'nu niçin göremiyoruz? İmam Azam soruyu kolay bulmuşçasına tebessüm eder:

– Önce bize süt getirsinler de sohbetimiz biraz daha tatlansın, der. Adam dudaklarını kemirerek:

– İyi olur ya, der. Hem içer hem konuşuruz.

Sütler gelir. O zaman sütü tatlandırmak için içine pekmez katılırmış. Tabii şimdiki şekerler yok henüz. Adam sütünü tatlandırıp içmeye başlar. Fakat İmam Azam adama bir kaşık daha pekmez sunarak:

– Buyurun sütünüzü tatlandırın, der. Adam:

– Sağ olun, ben pekmezi karıştırdım, sütüm pekmezlidir. Siz benim soruma cevap verin, der.

- Önce sütün pekmezini, (bugünkü tabiriyle şekerini) halledelim, der.

Adam, ses tonunu biraz daha yükselterek:

– Benimkisinin pekmezi vardır dedim ya, der.

– İnanmam, der İmam. Adam büsbütün kızarak:

– Niçin inanmıyorsun, diye sorar.

– Ben görmediğim şeye inanmam. Süte karıştırdığın pekmezi gösterirsen inanırım.

– Süte karıştırılmış pekmez görünür mü hiç? Onu gözüne gösteremem ama içersen tadını dilin anlar. Çok merak ediyorsan gözünle göremezsin ama dilinle sütün tatlandığını anlayabilirsin. Hem bununla da niye uğraşıyoruz? Sen bana sorumun cevabını söyle bakalım...

– Bana fırsat vermediniz ki, sorunuzun cevabını kendiniz verdiniz.

– Nasıl yani?

– Nasılı var mı? Sütün içine karıştırılmış pekmezi nasıl görülmezse Allah vardır ve bu gözümüzle görünmez. İçtiğimiz sütün yağını da gösteremezsiniz. Ama süt çok güzel ve yağlıdır. Onu da gözümüzle değil dilimizle tadınca anlarız. Demek ki bu dünyada ki pek çok şeyi de biz gözümüzle göremiyoruz. Ancak onları meydana getirdikleri tesirlerden ve eserlerden anlıyoruz. Ya da bir başka duyu organımızla varlıklarını anlıyoruz. Siz sütün yağını ve şekerini bile göremediğiniz hâlde Allah'ı görmek istiyorsunuz. Hâlbuki bu gözümüz dünyadaki her şeyi göremeyen sınırlı bir gözdür." Aynen bunun gibi, bizde Allah'ı gözümüzle bu dünyada göremiyoruz ama O'nun yarattıklarını, eserlerini görüyoruz. Meydana getirdiği tesirleri anlıyoruz. Ama kafa gözümüzle değil, akıl gözümüzle oluyor bu iş...

4. KONU

İMAN VE KÜFÜR

"Birbirine en uzak şeyler nelerdir?" denilirse küfür ve iman diyebilirsiniz; neticeleri itibarıyla böyledir. Fakat hayat içinde yaşadığınız şeyler itibarıyla; hisleriniz, heveslerinize veya vicdanınız, şuurunuz ve latife-i Rabbaniyeniz açısından bakınca birbirine en yakın şeyler de küfür ve imandır. Aralarında incecik bir perde vardır. Onun için perdenin öte tarafına yuvarlanıp düşenlerin dedikodusunu edip "Nasıl oldu da düştüler?" falan deme yerine "Allah bizi düşürmesin." diye Cenâb-ı Hakk'a teveccüh edip yalvarmak lazımdır. Devamlı surette, "Allah'ım hidayet buyurduktan sonra kalplerimizi kaydırma." demek gerekir.

Bütün kardeşlerimiz için de aynı duayı yapmalıyız. Çünkü hiç umulmadık kimseler kaybedebilir. Vahye kâtiplik yapan insan vardır ki kaybetmiştir. İster tahribatın kolay olmasına, ister şeytanî meselelerin insana daha cazip daha hoş gelmesine, isterseniz de her zaman tetikte yaşayamamaya. Neye verirseniz veriniz, hiç beklenmedik anda kayabilir ve devrilirsiniz.

Bundan dolayı, insan kendine hiç güvenmemeli, O'na tutunmalı ve bu şekilde ayakta durmaya çalışmalı.. kendini çok küçük görmeli.. her gece bin rekat namaz kılsa, başını yerden kaldırmasa da kulluğunu yapamadığı inancında olmalı. Senenin her gününü ibadetle dopdolu yaşayan bir kul "Rabb'ime şu kadar ibadet ettim, şu meselede şöyle bir mazhariyete erdim." şeklinde aklının köşesinden geçirse, kendisini bir paye ve makam sahibi zannetse, onun bu mülahazayla tükettiği o anlar, hayatının en karanlık dilimleridir.

Oysa dikkatli bir kul, mazhariyetlerine bir mekr olabileceği endişesiyle bakmalı ve Allah'ın rızasından başka bütün taleplere kapanmalıdır. "Ben bir köleyim. Kölenin hiç sermayesi olmaz; o ne kazanırsa kazansın kâr efendiye aittir." şuurunda olmalı, ibadet ve hizmetleri karşılığında bir mükâfat ve bedel beklememelidir. Kaldı ki Yirmi Dördüncü Söz'de ifade edildiği gibi: "Ubudiyyet, mukaddeme-i mükâfât-ı lâhika değil, netice-i nimet-i sâbıkadır. Evet, biz, mükâfatımızı almışız. Ona göre hizmetle ve ubudiyyetle muvazzafız." Öyleyse mesele, makam elde etmek, bir pâyeyle bilinmek değildir; verilmiş bir pâyenin hakkını eda etmek, nimetlere şükürle mukabelede bulunmaktır.

BÖLÜM İLE İLGİLİ ÂYET VE HADİSLER

ÂYETLER

"Yaratan Rabbinin a dıyla oku! O, insanı bir alekadan (embriyodan) yarattı. Oku! Rabbin sonsuz kerem sahibidir. O Rab ki kalemle yazmayı öğretti. İnsana bilmediği şeyleri öğretti." (Alak Sûresi, 1-5)

* * *

"Yine onlar, sana indirilene ve senden önce indirilene iman ederler; ahiret gününe de kesinkes inanırlar." (Bakara Sûresi, 4)

* * *

"Gerçek şu ki, kâfir olanları (azap ile) korkutsan da korkutmasan da onlar için birdir; iman etmezler." (Bakara Sûresi, 6)

* * *

"Allah, iman sahiplerinin Velî'sidir; onları karanlıklardan aydınlığa çıkarır. Küfre sapanlara gelince, onların dostları tâğuttur ki, kendilerini nurdan karanlıklara çıkarır. Bunlar cehennemin dostlarıdır. Orada sürekli kalacaklardır onlar. (Nisa Sûresi, 65)

* * *

"Allah'ı, O'nun Resûlü'nü ve iman edenleri dost edinen / Allah'tan, O'nun Resûlü'nden ve iman edenlerden yüz çeviren bilsin ki, galip gelecek olanlar Allah'ın taraftarlarıdır."(Maide Sûresi, 56)

* * *

"Allah'ın size helal ve temiz olarak verdiği rızıklardan yiyin. Kendisine iman ettiğiniz Allah'tan korkun." (Maide Sûresi, 88)

* * *

"Lokman oğluna nasihat ederken: "Evladım!" dedi, "sakın Allah'a eş, ortak uydurma. Çünkü şirk pek büyük bir zulümdür." (Lokman Sûresi, 13)

HADİS-İ ŞERİFLER

Resûlullah (sallallâhu aleyhi ve sellem) şöyle buyurdu:

"Kur'ân okumada mahir olan kişi, Sefere denilen kerim ve muti meleklerle beraber olacaktır. Kur'ân`ı kendisine zor geldiği halde okuyan kimseye iki sevap vardır." Kütüb-ü Sitte; Hadis No: 426

* * *

Resûlullah (sallallâhu aleyhi ve sellem) buyurdular ki:

"Kur'ân okuyan müminin misali portakal gibidir. Kokusu güzel tadı hoştur. Kur'ân okumayan müminin misali hurma gibidir. Tadı hoştur fakat kokusu yoktur. Kur'ân`ı okuyan facir misali reyhan otu gibidir. Kokusu güzeldir tadı acıdır. Kur'ân okumayan facirin misali Ebu Cehil karpuzu gibidir tadı acıdır kokusu da yoktur." Kütüb-ü Sitte; Hadis No: 429

* * *

Ebu Saidi'l-Hudrîradıyallahuanh anlatıyor:

"Resûlullah aleyhissalatu vesselâm buyurdular ki: "Kur'ân ehli (yani onu okuyan, onunla amel eden) cennete girdiği vakit, kendisine: "Oku ve yüksel!" denilir. O da okur ve yükselir. Her âyet için bir derece verilir. Böylece o bildiği âyetleri sonuna kadar okur (ve her biri için bir derece alır)."

* * *

Bedir savaşı esirlerinden fidye miktarı parayı bulamayan ve okuma-yazma bilenlerin her biri Müslümanlardan on kişiye okuma-yazma öğrettikten sonra salıverildiler. Peygamberimiz'in bu davranışı, İslâmın okuma yazmaya ve bilgi sahibi olmaya ne kadar önem verdiğini göstermektedir.

2. BÖLÜM

1. KONU

İMAN/NURLAR

• İki cihanın ve iki hayatın medar-ı saadeti yalnız imandır. (Şualar)

• İman hem nurdur, hem kuvvettir. Evet, hakikî imanı elde eden adam, kâinata meydan okuyabilir ve imanın kuvvetine göre, hâdisâtın tazyikatından kurtulabilir. İman tevhidi, tevhid teslimi, teslim tevekkülü, tevekkül saadet-i dâreyni iktiza eder. (Sözler)

• İman, insanı insan eder. Belki insanı sultan eder. Öyle ise, insanın vazife-i asliyesi, iman ve duadır. Küfür, insanı gayet âciz bir canavar hayvan eder. (Sözler)

• Kimin için Allah var, ona her şey var. Ve kimin için yoksa her şey ona yoktur, hiçtir. (Sözler)

• İlimlerin esası, ilimlerin şâhı ve padişahı, imân ilmidir. (Sözler)

• İman ve tevhidle bakan, âlemi nurlu görür ve illâ âlemi zulümat içerisinde görecektir. (Mesnevî-i Nuriye)

• Allah'ı tanımayanın dünya dolusu bela başında vardır. Allah'ı tanıyanın dünyası nurla ve manevî sürurla doludur. (Lem'alar)

• İman, Resûl-i Ekrem Aleyhissalâtü Vesselâm'ın tebliğ ettiği zaruriyat-ı diniyeyi tafsilen ve zaruriyatın gayrısını icmalen tasdik etmekten hâsıl olan bir nurdur. (İşarat-ül-İ'caz)

• Selâmet ve emniyet, yalnız İslâmiyette ve imandadır. (Sözler)

• Din bir imtihandır, bir tecrübedir. Ervah-ı âliyeyi ervah-ı sâfileden tefrik eder. (Sözler) İslâmiyet mazi ile istikbali kanatları altına almış, gölgelendirerek istirahat-ı umumiyeyi temin ediyor. (İşarat-ül İ'caz)

• Âhiret gibi, dünya saadeti dahi, ibadette ve Allah'a asker olmaktadır. (Sözler)

• Din hayatın hayatı, hem nuru, hem esası. İhya-yı din ile olur şu milletin ihyası. (Sözler)

2. KONU

SAHABE İMANI

Mekke'nin En Yakışıklısı

Mus'ab ibn Umeyr, dünya nimetleri içinde yüzerken inancı uğruna her şeyini terk etmiş bir sahabî idi. Uhud sonrası defni sırasında onu kefenleyecek bir örtü dahi bulunamamıştı. Bir zamanlar, zenginlik ve debdebe içinde yaşayan bu değerli insan, eski bir hırkanın içinde yatıyordu! Saçları dağılmış, kılıç ve mızrak darbeleriyle vücudu parça parçaydı. Üzerindeki hırkayla başı örtüldüğünde ayakları, ayakları kapatıldığında ise başı açıkta kalıyordu.

Durumdan Resûlullah haberdar edilince Allah Resûlü, hırkayla başının örtülmesini ve ayaklarının da izhir otuyla kapatılıp mezarına öyle konulmasını emretti. Sonra şefkat ve merhametle uzun uzun süzdü onu. Ardından, "Mü'minlerden öyle yiğitler vardır ki Allah'a verdikleri sözü yerine getirip sadakatlerini ispat ettiler. Onlardan kimi, üzerine düşeni eda edip yiğitçe gitti, kimi de o anı intizar etmekte. Onlar, verdikleri sözde zerre miktar inhiraf yaşamadılar." (Ahzâb Sûresi, 23. âyet) mealindeki âyeti okudu.

Hazreti Mus'ab için dedikleri yerine getirilince Efendimiz, onun başucunda durdu ve yarı ot yarı hırka kefenine uzun uzadıya baktıktan sonra dudaklarından şu cümleler döküldü:

– Seni Mekke'de ilk gördüğümde, üzerinde paha biçilemez ne kıymetli elbiseler vardı. Senden daha güzel giyinen yoktu Mekke'de! Şimdi ise sen, saçların dağılmış ve sadece eski bir hırkanın içinde, başın bile dışarıda, açıkta yatıyorsun!

Sonra da Uhud meydanına döndü ve şöyle buyurdu:

– Allah'ın Resûlü şehadet ediyor ki kıyamet gününde sizler, Allah katında da şehitlersiniz.

Sonra insanlara döndü ve herkesin kulağına küpe olacak şu cümleleri sıraladı:

– Ey insanlar! Onları ziyaret edin ve gelin buralara! Onlara selâm verin. Nefsim yed-i kudretinde olan Allah'a yemin olsun ki bunlar, kıyamet gününe kadar kendilerine selâm veren her bir Müslüman'ın selâmını alır ve onlara bu selâmı iade ederler.

3. KONU

İBADET VE NAMAZ

Bütün İbadetlerin Namazın İçinde Bulunduğunu Nasıl İzah Edebiliriz?

Nasıl ki insan, şu kâinatın küçültülmüş bir misalidir. Yani kâinatta ne varsa, numunesi insanda vardır ve Fâtiha Sûresi Kur'ân'ın ana prensiplerini içine alan nurlu bir timsaldir; namaz da bütün ibadetlerin her çeşidini içine alan nurlu bir fihristtir. Bütün mahlûkâtın her sınıfının renk renk ibadetlerine işaret eden mukaddes bir haritadır. Meselâ, namazda oruç vardır. Çünkü namaz kılınırken oruç tutan kimse gibi hiçbir şey yenilip içilmez. Zekât vardır. Çünkü namaz ömrün zekâtıdır. Hac vardır, çünkü namazda tavaf merkezi olan Kâbe'ye dönülüyor. Zaten şehadet kelimesi namazın içinde bulunmaktadır.

Hem, meleklerin bir kısmının ibadeti sadece ayaktadır. Bir kısım melekler sırf rükû yaparlar. Bir kısmı hep secde hâlinde bulunurlar. Bir kısım melekler sadece oturarak ibadet ederler. İçlerinden bir kısmı sadece "Lâ ilahe illâllah" der. Bir kısmı, "Allahü Ekber" der. Bir kısmı "Sübhanallah" der. Bir kısmı da sadece "Elhamdülillah" der. Yani melekler huşû ve huzur içinde ruhânî zevk ve lezzetlerini alarak hareket ve zikirlerden sadece bir parçasını yaparlar. Hâlbuki namazda bunların hepsi olduğu için, insanlar hepsini birden yaparlar.

Öbür taraftan namaz ibadeti bütün diğer mahlûkâtın ibadet şekillerini de içinde toplar. Gök cisimleri (güneş, ay ve yıldızlar) doğma-batma hareketlerini rekâttan sonra rekât gibi tekrar edip duruyorlar. Dağlar, namazdaki ayakta durma gibi dimdik duruyorlar. Hayvanlar; namazdaki rükû gibi, iki büklüm bekliyorlar. Ağaçlar; namazdaki secde gibi devamlı olarak secdede duruyorlar. Çünkü ağaçların ağızlarına benzeyen kökleri devamlı şekilde yerden su ve besin alırlar. Kur'ân-ı Kerîm'e göre (Enfal Sûresi, 11. âyet) suyun ana vazifelerinden biri temizlemektir. Evet, abdest ve gusülde su ne kadar lüzumludur.

Bir başka âyet (Ra'd Sûresi, 13. âyet) "Gök gürültüsü Allah'ı hamd ile tesbih eder" diyor. Bu bize namaz esnasında bilhassa cemaat hâlinde sık sık tekrar edilen "Allahü Ekber" tekbirinin yüksek sesle söylenişini düşündürür. Müslümanların cemaat hâlindeki ibadetlerde yaptıkları gibi sürü hâlinde uçan kuşlar da Allah'a ibadet ederler (Nur Sûresi, 14. âyet). Cisimlerin gölgeleri Allah'a hususî bir teslimiyet ve ibadet tarzı olarak her gün nasıl uzayıp kısalıyorsa (Ra'd Sûresi, 15. âyet -Nahl Sûresi, 18. âyet) ibadet eden insan da namazda kıyam, rükû, secde ve ka'de yaparken uzayıp kısalır.

Safvet SENİH

4. KONU

İBADET VE NAMAZ

Namazın Geçiyor

İslâm büyüklerinden Bayezid, bir gece uykuya dalıp sabah namazına kalkamamıştı. Uyandığında günün ağardığını görmüştü. O kadar çok üzülmüştü ki ne yapacağını bilememişti. Ağlamaya, feryat etmeye başladı. "Allah'ım ne büyük gaflet ettim, affet beni!" diye sızlanıyordu. Peygamber Efendimiz'in "Kimin bir tek namazı da olsa geçip gitse sanki onun bütün malı ve çoluk çocuğu elinden alınmış gibidir." hadisi aklına geldikçe üzüntüsü daha da artıyordu. Güneş doğduktan bir süre sonra namazını hemen kaza etmişti. Sonra başını secdeye koyup af dilemeye devam ederken bir ses işitti:

– Ey Bayezid, bu günahın affedildi. Bu pişmanlık ve ağlamana da, ayrıca yetmiş bin nafile namaz sevabı ihsan olundu.

Bu duyduklarıyla Bayezid'in yüreğine su serpilmişti. Aradan bir kaç ay geçtikten sonra bir sabah namazı vakti ona yine uyku bastırdı. Ancak bu sefer sabah namazının vaktinin bitmesine az bir zaman kala birisi onu uyandırmıştı. Yanına gelip onu uyandıran şeytandı. Bayezid'e,

– Kalk! Namazın geçmek üzere, dedi.

Bayezid şeytanı hemen tanımıştı. Ona:

– Ey lanetli! Sen hiç böyle yapmazdın. Herkesin namazının geçmesini, kazaya kalmasını isterdin. Şimdi nasıl oldu da beni uyandırdın, dedi.

Bunun üzerine şeytan şu cevabı verdi:

– Bir kaç ay önce sabah namazını kaçırdığında, pişmanlığın ve üzüntün sebebiyle o kadar çok ağlayıp inledin ki namazını kaçırmanın günahı affedilmekle kalmadı, üstüne bir de yetmiş bin namaz sevabı aldın. Bugün, onu düşünerek seni uyandırdım ki sadece vakit namazının sevabına kavuşasın.

BÖLÜMLE İLGİLİ ÂYET VE HADİSLER

ÂYETLER

"Ben cinleri ve insanları ancak bana kulluk etsinler diye yarattım." (Zariyât Sûresi, 56)

* * *

Muhakkak ki Benim gerçek İlâh. Benden başka yoktur ilâh. O hâlde sen de yalnız Bana ibadet et. (Tâhâ Sûresi 14)

* * *

"Ey insanlar! Hem sizi hem de sizden önceki insanları yaratan Rabbinize ibadet ediniz."(Bakara Sûresi, 21)

* * *

"Ancak sana kulluk ederiz ancak senden yardım dileriz." (Fatiha Sûresi, 5)

* * *

"Hâlbuki onlara, şirkten uzak olarak yalnız Allah'a ibadet etmeleri, namazı hakkıyla ifâ etmeleri, zekâtı vermeleri emredilmişti. İşte sağlam, dosdoğru din budur." (Beyyine Sûresi, 5)

* * *

"Sana ölüm gelip çatıncaya kadar da Rabbine ibadet et." (Hicr Sûresi, 99)

* * *

HADİS-İ ŞERİFLER

"Allahümme ya musarrife'l-kulûb, sarrifkulûbenâ ila tâatik" (Ey kalbleri evirip çeviren, kalblerimizi ibadet ü tâat sevdasına çevir!)

* * *

"İhsan, görüyormuşçasına senin, Allah'a ibadet etmendir; sen O'nu görmesen de, O seni görüyordur."

* * *

Namaz kılarken, kaynayan bir tencere gibi ses çıkarırdı; ağlayıp gözyaşı döktüğü zaman O'nu görüp dinleyenleri rikkate sevk ederdi. Bazen günlerce oruç tutar "savm-ı visal" yapardı. Bazen sabaha kadar namaz kılar ve ayakları şişerdi. Hatta Hz. Âişe Validemiz, bu tehâlükü çok görerek, *"Gelmiş geçmiş günahları affolan sen, niçin bu kadar kendini yoruyorsun?"* diye sormuş, O da: *"Allah'a şükreden bir kul olmayayım mı?"* cevabını vermişti.

* * *

3. BÖLÜM

1. KONU

ANNE - BABA HAKKI

Anne - Babaya Öf Bile Denilemez

"Şayet onlardan her ikisi veya birisi yaşlanmış olarak senin yanında bulunursa sakın onlara hizmetten çekinme, "öff!" bile deme, onları azarlama..."

Allah u Teâlâ bu âyetle bir evladın anne babasına nasıl davranması, ne şekilde hitap etmesi konusunda ona yol gösteriyor. Bir evlat anne-babaya karşı, bırakın hakaret etmeyi, dövmeyi, kalplerini kırmayı ve onları yalnızlığa terk etmeyi, onlara karşı "öff" kelimesini bile kullanamaz. Kur'ân, ana-babaya saygısızlığın minimum çizgisini çizmiştir. Onlara "öff" kelimesini bile kullanmak yasak iken nasıl onlara saygısızca hitaplar, hakaretler, rencide edici davranışlar ortaya koyabiliriz? Bu açıdan "öff" kelimesinden ağır sayılabilecek her türlü davranış anne babaya karşı bir saygısızlık ve onlara karşı bir başkaldırı anlamını taşır.

Anne babaya hürmet konusu çok hassas ve önemli bir konudur. Bu konuyu hiçbir insan hafife almamalıdır. Eğer basit bir mesele olsaydı, Cenâb-ı Hak da bu konu üzerinde bu kadar durmaz ve onlara karşı saygı konusunda bu kadar ince bir hat çizmezdi. Anne babaya karşı saygı ve itaat konularında sadece dinî ve millî terbiyeden uzak kalmış insanlar değil, bazen din adına, millet adına hizmet ettiğine inanan insanlarda çok ciddi hatalar yapabilmektedir. Oysaki insan bir taraftan Allah'ın razı olduğu işlerle meşgul olurken diğer taraftan da O'nun hoşnut olmadığı şeyleri yaparak iyiliklerini daha bu dünyada iken tüketmemelidir.

2. KONU

ANNE - BABANIN HAKKI ÖDENEMEZ

Yukarıda da ifade edildiği gibi, çocuğun anne-babasına karşı tavrı bir hak ve bir vazifedir. O hak ödenemez, hiçbir şeye feda edilmez ve onun katiyyen ihmale tahammülü yoktur. Nitekim Allah Resûlü (sallallâhu aleyhi ve sellem), "Hiçbir evlat, babasının hakkını, babasını köle olarak bulup satın alması ve (daha sonra) onu azat etmesi dışında ödeyemez." Buyurarak bu hakikate işaret etmektedir.

Peygamber Efendimiz annenin fedakârlıklarını pek çok hadisi şerifiyle dile getirmiştir. Hazreti Ebû Hureyre'nin rivayet ettiğine göre bir gün Efendimize bir kişi gelip "En çok kiminle vakit geçirip, yanında olmalıyım?" diye sorunca O, "Annen" buyurdu. Sahabî bu soruyu Efendimiz'e tam üç kez sorar. O da her soruya aynı cevabı verir. Ancak dördüncü sorusuna "Baban" diye karşılık verir. Allah Resûlü bu sözüyle annenin hakkının baba hakkından her zaman önde bulunduğunu ifade etmiştir.

M. Fethullah Gülen Hocaefendi "Anne" başlıklı yazısında onun fedakârlıklarına şu ifadelerle değinir: "...Bir düşünün; bizim için onlar, ne uzun hazırlıklar dönemi geçirmiş. Ne aşılmaz zorluklara toslamış ve neleri aşmış? Ne çetin hadiselerle pençeleşmiş, ne kadar hayâl ve melâl ile oturup kalkmış? Ne hülya ve rüyâlarla dolup boşalmış, ne kadar yeis (ümitsizlik) ve inkisarlarla (kırılmalar) burkulmuş?. Ne zorluk ve sıkıntıları göğüslemiş ve kaç türlü çileyle preslenmiş? Ne sancılar çekmiş ve ne kadar inlemiş? Kaç defa çığlık çığlığa ağlamış ve ne kadar ağlama dindirmiş? Kaç defa merhametle coşmuş ve kaç defa merhamete ihtiyaç hissetmiş?

Hâsılı bizim için ne değerli şeyler harcamış ve ne emekler sarfetmiş... Sarfetmiş ve sonra da herhangi bir beklentiye girmemişlerdir...

Evet bizi, varlığa ermenin hemen her safhasında kucaklayan, koklayan, öpüp öpüp okşayan, teessür ve infiallerimizi yatıştırıp sıkıntılarımızı paylaşan; yemeyip yediren, giymeyip giydiren, açlığını-tokluğunu, açlığımız-tokluğumuz içinde hissedip yaşayan, mutluluk ve saadetimiz adına insanüstü bir gayretle akla-hayale gelmedik zorluklara katlanan.. bize, vücudumuzun gelişmesi, irâdemizin kuvvetlenmesi, zekâmızın incelip keskinleşmesi, ufkumuzun uhrevîleşmesi yollarını gösteren.. bütün bunları yaparken de açık-kapalı herhangi bir beklentiye girmeyen bir varlık varsa, işte o anadır."

Anne ve baba, çocuklarının dünyaya gelmeleri için birer vesiledirler. Cenâb-ı Hakk o çocukları "İnsan neyden yaratıldığına bir baksın! (O su) sırt ile göğüs kafesi arasından çıkar." âyet-i kerimesinde de ifade edildiği gibi onları birer vesile kılarak yaratmıştır. Dolayısıyla onların hayat bulmalarına vesile olmaları sebebiyle çocukları üzerinde hakları vardır. Adeta anne ve baba, madde aleminde ölü iken yiyip içerek, onları ihya etmekte, belirli merhalelerden sonra canlılığa giden yola yöneltmekte ve adeta esir konumunda bulunan çocuklarını hürriyete kavuşturmaktadırlar.

Evet, anne-babanın hakları hiçbir zaman ödenemez. Çünkü "İnsan, daha küçük bir canlı hâlinde var olmaya başladığı günden itibaren, hep anne-babanın omuzlarında ve onlara yük olarak gelişir. Bu hususta ne anne ve babanın çocuklarına karşı olan şefkatlerinin derinliğini tayine ne de onların çektikleri sıkıntıların sınırını tespite imkân yoktur. Bu itibarla, onlara hürmet ve saygı, hem bir insanlık borcu hem de bir vazifedir."

Anne - Babasını Razı Edenin Duası Makbuldür

Hazreti Ömer'in oğlu Abdullah'ın (radıyallahu anh) naklettiğine göre, Peygamberimiz geçmiş ümmetlerden üç kişinin başına gelen bir olayı onlara anlatmış ve bununla çok önemli dersler vermiştir:

"Sizden önce yaşayanlardan üç kişi yola çıktılar. Akşam olunca geceleme ihtiyacı, onları bir mağaraya sığındırdı. Dağdan kayan bir taş yuvarlanıp, mağaranın ağzını üzerlerine kapadı. Aralarında; "Bizi bu kayadan, salih amellerimizi şefaatçi kılarak Allah'a yapacağımız dualar kurtarabilir!" dediler. Bunun üzerine birincisi şöyle dedi:

"Benim yaşlı ebeveynim vardı. Ben onları çok kollar, akşam olunca onlardan önce ne ailemden ne de hayvanlarımdan hiçbirine yedirip içirmezdim. Bir gün ağaç aramak için uzaklara gitmek zorunda kaldım. Eve döndüğümde ikisi de uyumuştu. Hayvanların sütlerini sağdım, hâlâ uyuyorlardı. Onlardan önce aileme ve hayvanlarıma yiyecek vermeyi uygun bulmadım, onları uyandırmaya da kıyamadım. Geciktiğim için çocuklar ayaklarımın arasında kıvranıyorlardı. Ben ise süt kapları elimde, onların uyanmalarını bekliyordum. Derken şafak söktü. "Allah'ım! Bunu senin rızan için yaptığımı biliyorsan, bizim yolumuzu kapayan şu taştan bizi kurtar!" dedi. Taş bir miktar açıldı. Ama çıkacakları kadar değildi. İkinci şahıs da şöyle dedi:

"Allah'ım! Benim bir amcakızım vardı. Onu herkesten çok seviyordum. Ondan faydalanmak istedim. Ama bana iltifat etmedi. Fakat gün geldi kıtlığa uğradı, bana başvurmak zorunda kaldı. Ona, kendisine yapmak istediğim kötülüğe izin vermesi karşılığında yüz yirmi dinar verdim, kabul etti. Arzuma nail olacağım sırada:

"Allah'ın mührünü, gayr-ı meşru olarak bozman sana haramdır!" dedi. Ben de onu bıraktım ve verdiğim altınları da geri almadım. "Allah'ım! Eğer bunları senin rıza-ı şerifin için yapmışsam, bizi bu sıkıntıdan kurtar." dedi. Kaya biraz daha açıldı. Ancak onların çıkabilecekleri kadar açılmamıştı. Üçüncü şahıs da dedi ki:

"Allah'ım! Ben işçiler çalıştırıyordum. Ücretlerini de hemen veriyordum. Ancak bir tanesi ücretini almadan gitti. Ben de onun parasını onun adına işletip kâr ettirdim. Öyle ki çok malı oldu. Derken yıllar sonra çıkageldi ve: "Ey Allah'ın kulu! Bana olan borcunu öde!" dedi. Ben de: "Bütün şu gördüğün sığır, davar, deve, köleler senindir. Git bunları al götür!" dedim. Adam: "Benimle alay etme!" dedi. Ben tekrar: "Ben kesinlikle seninle alay etmiyorum. Git hepsini al götür!" diye tekrar ettim. Adam hepsini aldı götürdü. "Allah'ım! Eğer bunu senin rızan için yaptıysam, bize şu hâlden kurtuluş nasip et!" dedi. Kaya açıldı, çıkıp yollarına devam ettiler."

Evet hadis-i şerifte görüldüğü gibi, çaresiz kalan üç kişi yaptıkları samimi amelleri şefaatçi kılarak Allah'a yalvarmış, Allah da onlara kurtuluş kapısını açmıştır. Her birinin yaptığı davranış çok ekstra ve çok faziletli davranışlardır. Özellikle konumuz ile ilgili olan örnekten yola çıkarsak ana-babaya hizmetin ve onları razı etmenin, insana en darda kaldığı zaman dilimlerinde bir sır kapısı araladığını görüyoruz. Anne babasına hizmette kusur etmeyen, onları kendi çocuklarına tercih eden bir insanın yaptığı duayı Allah kabul etmiş ve onun mağaradan çıkmasına izin vermiştir.

3. KONU

DUA

Efendimiz'in Dua Hayatı Nasıldı?

Dua, bir ibadettir, kulluğun özüdür, Rabbe dönüş ve yönelişin adıdır. Kulluktan bahsedilen bir yerde, duâdan bahsetmemek mümkün değildir. Zaten, Allah (celle celâluhû) da "Duânız olmazsa ne ehemmiyetiniz var!" (Furkan, 25/77) buyurmuyor mu? O yüzden Efendimiz'in hayatına baktığımızda O'nun bir dua insanı olduğunu görüyoruz: "Allah katında duadan daha şerefli bir şey yoktur." buyuran Efendimiz'in nasıl dua ettiğini İbn Abbas Hazretleri şöyle anlatıyor:

"Resûlullah'ın (sallallâhu aleyhi ve sellem) geceleyin namazdan çıkınca şu duayı okuduğunu işittim: "Allah'ım! Senden, Katından vereceğin öyle bir rahmet istiyorum ki, onunla kalbime hidayet, işlerime nizam, dağınıklığıma tertip, içime kâmil iman, dışıma amel-i sâlih, amellerime temizlik ve ihlâs verir, rızana uygun istikâmeti ilham eder, ülfet edeceğim dostumu lutfeder, beni her çeşit kötülüklerden korursun. Allah'ım, bana öyle bir iman, öyle bir yakin ver ki, artık bir daha küfür (ihtimali) kalmasın. Öyle bir rahmet ver ki, onunla, dünya ve ahirette senin nazarında kıymetli olan bir mertebeye ulaşayım.

Allah'ım! Hakkımızda vereceğin hükümde lütfunla kurtuluş istiyorum, kurbuna mazhar olan (yakınlığına layık olan) şühedâya (şehitlere) has (ait olan) makamları niyaz (dua) ediyorum, bahtiyar kulların yaşayışını diliyorum, düşmanlara karşı yardım talep ediyorum! Allah'ım! Rahmetine muhtacım, hâlimi arz ediyorum. (İhtiyacım ve fakrim sebebiyledir ki) ey işlere hükmedip yerine getiren, kalplerin ihtiyacını görüp şifâyâb (şifa veren) kılan Rabbim! Denizlerin aralarını ayırdığın gibi benimle cehennem azabının arasını da ayırmanı, helâke (yok olmaya) dâvetten, kabir azabından korumanı diliyorum. Allah'ım! Kullarından herhangi birine verdiğin bir hayır veya mahlûkatından birine vaad ettiğin bir lütuf var da buna idrakim yetişmemiş, niyetim ulaşamamış ve bu sebeple de istediklerimin dışında kalmış ise ey âlemlerin Rabbi, onun husülü (olması) için de sana yakarıyor, bana onu da vermeni rahmetin hakkında senden istiyorum. Ey Allah'ım! Ey (Kur'ân gibi, din gibi) kuvvetli ipin, doğru yolun sahibi! İnkârcı için cehennem vaadettiğin kıyamet gününde, senden cehenneme karşı emniyet, arkadan başlayacak ebediyet gününde de huzur-i kibriyana (her bakımdan büyük ve yüce olan Allah'ın huzuru) ulaşmış mukarrebin (iman ve ibadetle Allaha manen yakın olanlar) meleklerle, (dünyada iken çok) rükü ve secde yapanlar ve ahidlerini ifa edenlerle birlikte cennet istiyorum. Sen sınırsız rahmet sahibisin, sen (seni dost edinenlere) hadsiz sevgi sahibisin, sen dilediğini yaparsın. (Dilek sahipleri ne kadar çok, ne kadar büyük şeyler isteseler hepsini yerine getirirsin.) Allah'ım! Bu bizim duamızdır. Bunu fazlınla kabul etmek sana kalmıştır. Bu, bizim gayretimizdir, dayanağımız sensin. Allah'ım! Kalbime bir nur, kabrime bir nur ver; önüme bir nur, arkama bir nur ver; sağıma bir nur, soluma bir nur ver; üstüme bir nur, altıma bir nur ver; kulağıma bir nur, gözüme bir nur ver; saçıma bir nur, derime bir nur ver; etime bir nur, kanıma bir nur ver; kemiklerime bir nur koy!

İzzeti bürünmüş, onu kendine alem yapmış olan Allah münezzehtir. Büyüklüğü bürünmüş ve bu sebeple kullarına ikramı bol yapmış olan Allah münezzehtir. Tesbih ve takdis (Allahı noksan ve kusurlardan uzak kabul etmek) sadece kendine layık olan Allah münezzehtir. Fazl ve nimetler sâhibi Allah münezzehtir. Azamet ve kerem sahibi Allah münezzehtir. Celal ve ikrâm sâhibi Allah münezzehtir."

Nebiler Sultanı her gün hem de hiç aksatmadan yüz defa af ve mağfiret dilekleriyle Allah'a dua dua yalvarmış, günah O'nun için hiçbir zaman bahis mevzuu olmamasına rağmen, Allah'a teveccühden bir gün olsun geri kalmamıştı. Zira O'nun en önemli vazifelerinden birisi de insanlara güzel örnek olmak idi. Günümüz dünyasında da bu böyledir aslında. Yani bilenler bilmeyenlere örnek olur, onlara yol yordam gösterir ve öğretirler. Zaten insan genelde muhtaç olarak yaratılmıştır. Bizler herhangi bir işte belirli bir seviyeye ulaşıncaya kadar başkalarının yardımına ihtiyaç duyarız. İşte Allah Resûlü, hem kendi zamanındaki arkadaşlarına, hem de kıyamete kadar gelecek olan bütün Müslümanlara Allah Teala karşısında geçmeleri gereken duruşu talim ediyordu. O, "Ey insanlar! Ben günde yüz defa Allah'a tevbe ve istiğfarda bulunuyorum. Siz de O'na tevbe ve istiğfar edin" diyordu.

O, hayatının her karesini nakış nakış dualarla örmüştür. Bu dualar, dua mecmuası kitaplarında yer almaktadır. Bize düşen onları okumak, bu şekilde hem Rabbimiz'in, hem de Efendimiz'in rızasını kazanmaktır.

4. KONU

TESBİHAT

Tesbihatı İhmal Etmemeliyiz

Tesbihat denilince aklımıza öncelikle namazlardan sonra yaptığımız tesbih ifadeleri gelir. Peygamber Efendimiz pek çok hadislerinde, namaz sonlarında okunacak tesbihat ve duaları bildirmiş, bizlere de bunları yapmamızı tavsiye etmiştir:

Bir gün Efendimiz (sallallâhu aleyhi ve sellem), "Ben size, sizi geçenlere erişebileceğiniz, sizden sonrakileri geride bırakacağınız ve sizin yaptığınızı yapandan başka hiçbir kimsenin sizden daha üstün olamayacağı bir şeyi öğreteyim mi?" diye buyurur. Bunun üzerine ashab: "Evet, ey Allah'ın Resûlu (öğretiniz)" derler. Efendimiz (sallallâhu aleyhi ve sellem) de: "Her namazın peşinden otuz üçer defa tesbih (subhanallah), hamd (elhamdülillah) ve tekbir (Allahu ekber) okursunuz" buyurur.

Başka bir hadis-i şerifte ise bu mesele şöyle ifade ediliyor:

"Kim her namazın peşinden otuz üç defa Allah'ı tesbih eder, otuz üç defa Allah'a hamd eder ve otuz üç defa da Allah'ı tekbir eder, yüzü tamamlamak için de: "Lâ ilâhe illallahu vahdehu lâ şerike leh, lehülmülkü ve lehülhamd ve huve ala külli şeyin kadîr" derse, hata ve günahları deniz köpüğü kadar çok olsa bile bağışlanır."

Evet, hadislerden tesbitahın ne kadar önemli olduğu anlaşılıyor.

Biz, haklı veya haksız sebeplerle bazı zamanlarda tesbihatı ihmallerimize kurban verebiliyoruz. "Ne de olsa tesbihatı yapmak sünnet. Yapmasam da olur (!)" düşüncesini bir taviz olarak değerlendirmemiz lazım. Çünkü insanın fıtratı buna çok müsaittir. Öncelikle tesbihatı terk eden, zamanla namazların sünnetlerini terk edebilir. Ve bu durum insanı, -Allah korusun– namazların tamamen terkine kadar götürebilir. Bir mü'min, ibadet hayatında sünnetlere, bir manada insanın sahib-i sünnet ile yani Efendimiz (sallallâhu aleyhi ve sellem) ile irtibata geçmesinin adı olarak bakmalı ve başta tesbihat olmak üzere sünnetleri hayatına hayat kılmalıdır.

Günlük hayatımız içinde bazen çok yoğun olabiliriz. Dolayısıyla bazen tesbihatı yapmadan namazı kılar kılmaz işimize dönmek zorunda kalabiliriz. Bu durumlarda bile tesbihat terk edilmemeli, mümkünse namaz sonrası ayaküstü dahi olsa tesbihat yapılmalı. Bu da mümkün değilse tesbihatı kazaya bırakmalı, müsait olduğumuz zamanlarda tamamlamalıyız.

Yukarıda hadis-i şerifte ifade edilen namazlardan sonra yaptığımız herkesin bildiği tesbihatın dışında bir de "Namaz tesbihatı" diye meşhur, diğerine göre biraz uzunca olan bir tesbihat daha vardır. Mana büyüklerimiz tarafından Kur'ân ve hadis edalı tesbih lafızları bir araya getirilerek oluşturulan bu tesbihatta, bilinen ve camilerde okunan tesbihata ek olarak okunması hadislerle tavsiye edilen dualar, salavatlar, esmâ-i hüsna ve ism-i âzam duaları yer almaktadır. Kendimizi tesbih mevzuunda kısıtlamadan namazlardan sonra bu tesbihatı yapmamız çok daha bereketli olacaktır.

Kasap Tahir'i İdamdan Kurtaran Tesbihat

Kunduracılar esnafından iri yarı, cesur bir adam, Afyon ve civarını haraca bağladığı için "Belâlı Tahir" diye tanınırken, hanımına sarkıntılık eden bir kişiyi öldürünce, "Kasap Tahir" diye anılmaya başlanmış. Hem ellerinden hem ayaklarından prangaya vurulan idam mahkûmu Tahir, hücresinden hava almak için hapishane bahçesine çıkarıldığı zamanlarda bile bu zincirlerle dolaşırken, bir gün bahçede Üstad Bediüzzaman'la karşılaşır. Üstad'ın "sûreti"nden "siret'ini okuyan Kasap Tahir, derdini ummana atmanın kıvranışı içinde:

– Ne olur bana dua buyurun! Kurtarın beni bu hâlden Hocam, diye yalvarıp yakarınca, Üstad:

– Bu sana takılan şeyler, senin idam mahkûmiyetinin zincirleri değildir. Senin tesbihindir bunlar!.. Sen namazına başla, tesbihini çek, ben de dua edeceğim, inşallah kurtulursun, diye nasihatte bulunur.

O andan itibaren Allah dostunun gönül frekanslarıyla ihtizaza gelen Tahir, madden ve manen temizlenip tâhir (temiz) hâle gelir ve namaza başlar. Namaz sonunda kendisini bağlayan zincirlerin halkalarını bir bir sayar. Bir de ne görsün; tamı tamına otuz üç halkadır zincir. O andan itibaren o zinciri de tesbih edinir temiz Tahir...

Ve günler, haftalar, aylar derken, bir süre sonra Üstad'ı n kerameti gerçekleşir ve daha önce rûhî hürriyetine kavuşan Tahir, 1950 affıyla da cismî hürriyetine kavuşur.

BÖLÜMLE İLGİLİ ÂYET VE HADİSLER

ÂYETLER

"Rabbin şöyle buyurdu: Allah'tan başkasına ibadet etmeyin. Anneye ve babaya güzel muamele edin. Şayet onlardan her ikisi veya birisi yaşlanmış olarak senin yanında bulunursa sakın onlara hizmetten yüksünme, "öff!" bile deme, onları azarlama, onlara tatlı ve gönül alıcı sözler söyle. Şefkatle, tevazu ile onlara kol kanat ger ve şöyle dua et: (İsra Sûresi, 23)

* * *

"Ya Rabbî, onlar küçüklüğümde nasıl beni ihtimamla yetiştirdilerse, ona mükâfat olarak Sen de onlara merhamet buyur!" (İsra Sûresi, 24)

* * *

"Hem namazı tam kılın, zekâtı verin, rükû edenlerle beraber siz de namaz kılın." (Bakara Sûresi, 43)

* * *

...Çünkü namaz belirli vakitlerde müminlere farz kılınmıştır. (Nisa Sûresi, 103)

* * *

...O namaz kılanlar, zekât verenler, Allah'a ve âhirete hakkıyla iman edenler var ya, işte onlara yarın büyük mükâfat vereceğiz. (Nisa Sûresi, 162)

* * *

"Ailene ve ümmetine namaz kılmalarını emret, kendin de namaza devam et...(Taha Sûresi 132)

* * *

"Namazlarında huşu duyan mü'minler kurtuluşa ermişlerdir." (Mü'minûn Sûresi, 1-2)

HADİS-İ ŞERİFLER

Ebu Hüreyre (radıyallahuanh) anlatıyor: Bir adam gelerek:

"Ey Allah'ın Resûlü iyi davranıp hoş sohbette bulunmama en ziyaâde kim hak sâhibidir?" diye sordu. Hz. Peygamber (aleyhissalâtu vesselâm):

"Annen!" diye cevap verdi. Adam:

"Sonra kim?" dedi, Resûlullah (aleyhissalâtu vesselâm)

"Annen!" diye cevap verdi. Adam tekrar:

"Sonra kim?" dedi Resûlullah (aleyhissalâtu vesselâm) yine:

"Annen!" diye cevap verdi. Adam tekrar sordu:

"Sonra kim?" Resûlullah (aleyhissalâtu vesselâm) bu dördüncüyü:

"Baban!" diye cevapladı."(Buhari, Edeb)

* * *

Ebu Hüreyre (radıyallahuanh) anlatıyor: "Peygamberimiz (aleyhissalâtu vesselâm) bir gün:

"Burnu sürtülsün, burnu sürtülsün, burnu sürtülsün" dedi.

"Kimin burnu sürtülsün ey Allah'ın Resûlü?" diye sorulunca şu açıklamada bulundu:

"Ebeveyninden her ikisinin veya sâdece birinin yaşlılığına ulaştığı halde cennete giremeyenin."(Müslim, Birr)

* * *

Bir keresinde Resûlü Ekrem (sallallâhu aleyhi ve sellem) namaz kıldırıyordu. Rükûdan kalkarken her zaman olduğu gibi "Semiallahü limen hamideh" dedi. Arka safta bulunan bir sahabi (nereden öğrendiğini bilmiyoruz) "Rabbenâ ve leke'l-hamd. Hamden kesiran tayyiben mübârekenfîh" diyerek mukabelede bulundu. Allah Resûlü, yüzünü cemaata çevirdiğinde "Bu sözü söyleyen kimdi?" diye sordu. Sahabi "Bendim!" cevabını verdi. Ve Allah Resûlü sözlerine şöyle devam etti: "Gördüm ki melekler bu sözün sevabını yazmak için birbiriyle yarışıyordu." (Buhari, Ezan 126)

* * *

Bir zât Efendimiz'e (sallallâhu aleyhi ve sellem) gelir ve şöyle der: "Ya Rasûlallah, bana bir şeyler öğret, ama kısa olsun." Bunun üzerine Peygamber Efendimiz (sallallâhu aleyhi ve sellem) şöyle buyurur: "Namaz kıldığında onu veda namazı gibi kıl! Yarın pişman olup, özür dileyeceğin bir sözü söyleme! İnsanların elindekinden de ümidini kes." (İbnMâce, Zühd, 15; Müsned, 5/312)

* * *

"Gerçekten kişi ile küfür ve şirk arasındaki fark namazı terk etmektir." (Müslim, İman 134)

* * *

"Kim yatsı namazında cemaatte hazır bulunursa gecenin yarısını namazla geçirmiş gibi sevap kazanır. Yatsı ve sabah namazlarında cemaatte bulunan kimseye ise bütün geceyi namazla geçirmiş gibi sevap vardır." (Tirmizi, Salat 165)

* * *

"Bir müslüman farz bir namazın vakti geldiğinde güzelce abdest alır huşu içinde ruku ve secdelerini de tam yaparak namazını kılarsa büyük günah işlemedikçe bu namaz o güne kadar işlediği tüm günahlarına keffaret olur. Bu her zaman için böyledir." (Müslim, Tahara)

4. BÖLÜM

1. KONU

MELEKLERE İMAN

Melekler ve Görevleri

Cebrâil (Cibril) Aleyhisselâm: Yüce Allah'ın kitaplarını peygamberlere getirip tebliğ etmekle görevlidir. Vahiy meleğidir.

Mikâil Aleyhisselâm: Yeryüzündeki rüzgâr, yağmur ve benzeri tabiat olaylarının meydana gelmesi için görevlendirilmiştir.

Azrâil Aleyhisselâm: İnsanların ölme (ecel) vakitleri gelince ruhlarını almakla görevlidir.

İsrâfil Aleyhisselâm: Kıyametin kopması ve öldükten sonra bütün insanların tekrar dirilmesi için Sûr'a üflemekle görevlidir.

Sorgu melekleri: Ölen kimseye kabirde soru sormakla görevlidirler.

Hafaza melekleri: Bunlardan her insanın yanında iki melek bulunur. Bu meleklerden biri insanın yapmış olduğu güzel işleri, diğeri insanın yapmış olduğu kötü işleri yazar. Bunlara Kirâmen Kâtibîn de denir. Bu şekilde insanın amel defterini meydana getirirler. İyi-kötü, küçük-büyük yapmış olduğumuz her işin melekler tarafından yazılıp kaydedildiği hem Kur'ân-ı Kerîm'de hem de hadis-i şeriflerde bildirilmiştir.

Bin Melekle Yardım

Hazreti Ömer (radıyallahu anh) şöyle anlatmıştı:

"Bedir gününde Allah'ın Resûlü müşriklere baktı. Onlar bin kişiydi, bizler üç yüz on dokuz kişiden ibarettik. Bunun üzerine Peygamber Aleyhisselâm, kıbleye döndü ve ellerini kaldırıp şöyle dua etmeye başladı:

– Ey Allah'ım, bana olan vaadini yerine getir! Ey Allah'ım, bana vaad ettiğini ver! Ey Allah'ım, Müslüman halkından bu küçük topluluk helâk olursa yeryüzünde sana ibadet edecek kimse kalmaz!

Allah'ın Resûlü ellerini uzatmış, kıbleye dönmüş olarak Rabb'ine yalvarmaya devam ediyordu. Cübbesi omuzlarından düşmüştü. Ebû Bekir geldi, cübbesini omuzlarına kaldırdıktan sonra, arkasından tutup Resûlullah'ı kendi göğsüne dayadı ve:

– Ey Allah'ın Peygamberi, yeter Rabbine yalvardın. O sana olan vaadini yerine getirecektir, dedi.

Bu sırada Yüce Allah, Peygamberimiz'e indirdiği âyette şöyle buyurdu: " Hani, siz Rabb'inizden yardım istiyordunuz da O da "Muhakkak ki Ben, size meleklerden birbiri ardınca bin melekle yardım edeceğim!" diyerek duanızı kabul etmişti." (Enfal Sûresi, 9. âyet)

Bunun üzerine Peygamber Efendimiz, sadık dostuna şöyle dedi:

– Müjde! Ey Ebû Bekir! Allah'ın yardımı geldi! İşte şu Cebrâil! Nak yokuşunda, atının gemini tutmuş, silâhı ve zırhı üzerinde! Hücuma hazır! Sonra da meleklerin yardıma geldiklerini, Müslüman savaşçılara da müjdeledi. Müşriklerle yapılan bu savaşta Müslümanlar, parlak bir zafer kazandılar ve din düşmanlarını darmadağın ettiler.

2. KONU

AHİRETE İMAN

Ahiret Hayatı Ebedi Yurdumuzdur

Sözlükte son, sonra gelen, son gün anlamlarına gelen ahret kelimesi, terim mânâsı itibariyle, kıyametin kopmasından başlayıp ebediyyen devam edecek olan ikinci hayattır ki, ba's (öldükten sonra dirilme), haşr, hesap, mizan, şefaat, sırat, Cennet, Cehennem gibi bütün olay ve aşamaları içine alır. Âhiret hayatının gerçekleşmesinin en büyük delil ve teminatı, Cenâb-ı Hakk'ın kullarına olan vaadidir. Kur'ân, her nefsin öleceğini, ölümden kaçılamayacağını, öldürenin Allah olduğunu ve sonunda dönüşün yine O'na olacağını pek çok yerde vurgulayarak, öldükten sonra dirilişin, Allah'ın vaadinin bir gereği olduğunu bildirir.

Bilindiği gibi, bir haberin doğruluğu onu bildirenin doğruluğuna bağlıdır. Şu hâlde, vaadine muhâlefet etmesi asla söz konusu olmayan Yüce Yaratıcı, bütün semavî kitaplarda ve de Kur'ân-ı Kerim'de bir kitap gibi yarattığı şu kâinatı kapatıp, başka bir gün yeniden açacağını söylüyor. Madem ki, söyleyen O'dur; ve bu mevzunun söz sahibi peygamberler de buna şehadet ediyorlar; o hâlde âhiret hayatının vukûuna olmuş nazarıyla bakılmalıdır.

Yaradılış Seyrinin Farkında Olan İnsan İkinci Dirilişten Şüphe Etmemeli

Bir sayfada milyonlarca kitabı birbirine karıştırmadan yazıp nazarımıza arz eden zat, formalarını söküp dağıttığı bir kitabı ikinci defa aynı şekilde bir araya getireceğini vaadetse "Bu, onun kudretinden uzaktır." denilebilir mi?

Bu açıdan Kur'ân'ın şu âyetini yeniden düşünelim: "Gün gelir, gök sahifesini, tıpkı kâtibin yazdığı kağıdı dürüp rulo yapması gibi düreriz. Biz ilkin yaratmaya nasıl başladıysak diriltmeyi de Biz gerçekleştiririz. Bu, üzerimize aldığımız bir vaaddir. Bunu gerçekleştirecek olan da Biziz." (Enbiya, 21/104)

İşte Rabbimiz de kışın gelmesiyle ölen ağaçları, bitkileri bahar mevsimi ile birlikte, tohumları birbirine benzeyen ve birbiri içinde olan ağaçları bitkileri, birbirine karıştırmayarak, şaşırmayarak, hata yapmayarak ve hiçbirini noksan bırakmayarak yeniden diriltir. En büyük bir ağacın proğramını bir nokta kadar küçük çekirdeğinin içinde muhafaza eder. Her bir baharda haşrin binler çeşitlerini gösteren üç yüz binden fazla hayvanlar ve bitkiler sayfasını birbirine karıştırmadan, yanlış yapmadan yeniden dirilten Allah'a, tek bir sayfadan ibaret olan ölü insanları diriltmek ağır gelir mi? "Diriltemez." denebilir mi?

Yine aynı paralelde başka bir misalle meseleyi ele alalım: Yoktan bir makineyi îcad eden sanatkâr, daha sonra bu makineyi söküp dağıtsa ve ikinci defa bu makineyi monte edeceğini söylese, ona karşı "Hayır başaramazsın, yapamazsın!" denilebilir mi? Sınırlı beşer kudreti açısından bu durum mümkün olduğuna göre; bir sınır ve kayıt tanımayan ilâhî kudret açısından hangi engel söz konusu olabilir?

Eşyayı yokluktan varlık âlemine çıkaran Yüce Kudretin, nasıl olur da, dağılan parçalanan varlıkları tekrar birleştirmeye gücü yetmez? Yok iken var olan insanın, yok olduktan sonra tekrar var olması niçin mümkün olmasın?

Kur'ân inkârcı düşüncenin, "Ben öldükten, sonra diriltilecek miyim?" itirazına şu veciz ifade ile cevap verir: "O insan hiç düşünmüyor mu ki, o hiçbir şey değilken Biz onu yaratıp var ettik?" (Meryem, 19/66-67) "İnsanın yaratılışı, dünyaya gelişi ve bu gelişme safhâları kendisinin hiçbir müdahâle ve ilâvesi olmadan hep dışarıdan olmaktadır. Bu itibarla insanın geçirmiş olduğu yaratılış seyri, onun Allah'ı ve âhireti tasdik etmesi hususunda kendine en yakın ve en tesirli bir delildir. Kendi yaratılış seyrinin farkında olan bir insanın, ikinci dirilişinden şüphe etmesi düşünülemez. Topraktan, canlı, düşünen, konuşan, duyan, anlayan şuur ve idrak sahibi insanı yaratan Allah, elbette toprak olmuş insanı yine ondan diriltebilir."

3. KONU

İBADET-GUSÜL

Boy Abdesti (Gusül)

Gusül abdesti, hükmî yani dinî temizlenme ve arınma vasıtasıdır. Dolayısıyla hükmî temizlenmeye sebep olan durumlar da hükmî kirliliklerdir. Gusül abdesti gerektiren üç ana sebep vardır; cünüplük, hayız ve nifas hâlleri.

Guslü Gerektiren Durumlar

1. Cünüplük

Cünüplük; cinsî münasebet veya şehvetle (cinsî zevk vererek) meninin boşalması durumunda meydana gelen ve belirli ibadetlerin yapılmasına engel olan kirlilik hâlidir. Uyku hâlinde veya uyanık hâlde meninin gelmesi arasında fark yoktur. Sonuçta her iki durumda da gusül bozulur ve cünüplük hâli meydana gelir. Uykudan uyandığında hiçbir şey hatırlanmamasına rağmen çamaşırda meni ıslaklığı bulunduğunda gusül abdesti almak gerekir. Fakat uykuda şehevî hazlar yaşandığı uyanıldığında hatırlanmasına rağmen çamaşırda bir ıslaklık, meni döküntüsü yoksa gusül abdesti bozulmuş olmaz. Meninin bir hastalık nedeniyle veya düşme, ağır kaldırma gibi bir sebeple gelmesi gusülü bozmayacağından bu durumlarda cünüp hâli ortaya çıkmaz.

İnsanın cinsel organından gelen üç çeşit akıntı vardır. Bunlar mezi, vedi ve menidir.

Mezî; şehevî haz sebebiyle ortaya çıkan ince, şeffaf ve kaygan sıvıdır. Geldiğinin farkına varılmayabilir. Erkekte de kadında da olur.

Vedî; soğuk, ağır kaldırma vs. sebebiyle genellikle idrardan sonra gelen, koyu, kesik kesik ve renk olarak meniye benzeyen maddedir. Bazen şehevî hazlar sebebiyle de gelebilir.

Menî; şehvetle gelip, genelde hızla dışarı çıkan ve kendine has kokusu ve rengi olan bir sıvıdır.

Gusül sadece meniden dolayı gerekir. Mezi ve vedinin gelmesiyle sadece abdest bozulur, geldiği yer yıkanır ve abdest alınır.

Gusül alırken abdest bozulursa, gusül bozulmuş olur mu?

Gusül abdesti alırken namaz abdestini bozan durumlardan herhangi birisinin meydana gelmesi durumunda gusül abdesti bozulmuş olmaz. Ancak böyle bir durumda namaz abdesti almadan ibadet edilemez.

4. KONU

İBADET-ABDEST

Abdest

Abdest, en hayati kulluk borcumuz olan namaz için bir ön hazırlık demektir. Bu mânâda abdest, Rabbimiz'in huzura çıkmadan önce giyilmesi gereken adeta bir kostüm gibidir. Dolayısıyla bu kostüm gereken her türlü hassasiyet gösterilerek eksiksiz ve noksansız şekilde giyilmelidir. Abdest her türlü maddi-manevi kirlilikten kurtulmak için İslâm'ın emrettiği önemli bir ibâdettir.

"Ey iman edenler, namaza kalkacağınız zaman yüzlerinizi ve dirseklerinizle birlikte ellerinizi yıkayın. Başınıza meshedin. Her iki topuğunuzla birlikte ayaklarınızı da (yıkayın)..." (Mâide, 5/6) âyet-i kerimesinden hareketle dinimiz, başta namaz olmak üzere bazı ibâdetler için abdest almayı farz kılmıştır.

Efendimiz (sallallâhu aleyhi ve sellem) abdesti, evin önünden geçen bir nehre benzetir ve müminin günde beş defa, o nehirde yıkanmasıyla üzerinde hiçbir kir ve pisliğin kalmayacağını bildirir. O yüzden abdest alan her mümin, Allah'ın huzuruna çıkma havası içinde abdestini alır ve dış temizliğinden çok iç temizliğine de önem verir.

Abdestin Farzları

* Yüzü yıkamak.
* Kolları dirseklerle birlikte yıkamak.
* Başı mesh etmek.
* Ayakları topuklarla birlikte yıkamak.

Gönüller Sultanı'ndan

Allah Resûlü buyurdular:

– Bir kişi temizlenir, abdest alır ve temiz elbise giyerek yatarsa, o elbise içinde bir melek bulunur. Gece hangi saat uyansa melek onun için Allah'a şöyle dua eder: 'Allah'ım! Bu kulunu bağışla, çünkü o temiz olarak yattı.'

* * *

Her Namaz Vakti

Allah Resûlü (sallallâhu aleyhi ve sellem) buyurdular ki:

"Her namaz vakti geldiğinde bir melek şöyle der:

– Ey insan! Kalk da yaptığın günahlarından dolayı kendi üzerine yaktığın Cehennem ateşini söndür!

Bunun üzerine iman sahipleri kalkarlar, abdest alırlar. Sonra öğleyi kılarlar. Bu namazdan dolayı sabah ile öğle arasında işledikleri günahları bağışlanır. İkindi, akşam ve yatsıda da böyle olur. Ondan sonra insanlar uyur. Bunlardan bir kısmı günah işleyerek geceler. Bir kısmı da iyilik yaparak geceler."

BÖLÜMLE İLGİLİ ÂYET VE HADİSLER

Kim Allah'a, meleklerine, Resûllerine, Cebrâile, Mikâil'e düşman ise, iyi bilsin ki, Allah da kâfirlerin düşmanıdır. (Bakara, 98)

* * *

Peygamber, Rabbi tarafından kendisine ne indirildi ise ona iman etti, müminler de! Onlardan her biri Allah'a, meleklerine, kitaplarına ve peygamberlerine iman etti. "O'nun Resûllerinden hiç birini diğerinden ayırt etmeyiz." dediler ve eklediler: "İşittik ve itaat ettik ya Rabbenâ, affını dileriz, dönüşümüz Sanadır."(Bakara, 285)

* * *

Hamd, gökleri ve yeri yaratan ve melaikeyi iki, üç, dört... kanatlı elçiler yapan Allah'a mahsustur. O, yaratıklarından, istediğine, dilediği kadar fazla özellikler verir, Çünkü O her şeye kadirdir. (Fatır, 1)

* * *

Sen o gün melekleri de Arş'ın etrafını çevrelemiş Rablerine zikir, tenzih ve hamd eden vaziyette görürsün. Derken, aralarında adaletle hükmolunur ve "Hamd-ü senalar Rabbülâlemin olan Allah'a mahsustur." diye bitirilir. (Zümer, 75)

* * *

Rahman'ın kulları olan melaikeyi de dişi saydılar. Ne o! Onların yaratıldıkları sırada hazır mı bulundular?

Onların bu iddiaları yazılacak ve bundan ötürü onlar sorguya çekileceklerdir. (Zuhruf, 19)

* * *

Ve o vakit İbrâhim: "Ya Rabbî, burayı güvenli bir şehir yap. Buranın halkından Allah'a ve âhiret gününe iman edenleri çeşit çeşit mahsullerle rızıklandır!" dedi. Bunun üzerine buyurdu ki: "Onlardan inkâr edeni dahi rızıklandırıp az bir zaman hayattan nasip aldırır, sonra da onları cehennem azabına sürerim. Orası varılacak yer olarak ne fena bir yerdir!" (Bakara, 126)

* * *

Hasılı, inkâr edenleri hem dünyada, hem âhirette şiddetli bir azap ile cezalandıracağım. Onları bu azaptan kurtarabilecek yardımcılar da bulunmayacaktır. (Ali İmran, 56)

* * *

Önemsiz bir menfaat karşılığında, Allah'a verdikleri ahdi ve yeminlerini bozanların âhirette hiçbir nasipleri yoktur. Kıyamet günü Allah onlarla konuşmayacak. Onların yüzlerine bakmayacak ve onları temize çıkarmayacaktır. Onların hakkı çok acı bir azaptır. (Ali İmran, 77)

* * *

Bunlar Allah'ı ve âhireti tasdik eder, iyiliği yayar, kötülükleri önler ve hayırlı işlere yarışırcasına koşarlar. İşte onlar salihlerdendirler. (Ali İmran, 114)

* * *

Allah izin vermedikçe hiç bir kişi ölemez. Bu, belli bir vakte bağlanmış, takdir edilmiştir. Her kim dünya mükâfatını isterse, kendisine dünyalık bir şeyler veririz. Kim âhiret mükâfatı isterse ona da bundan veririz. Biz, şükredenleri elbette ödüllendireceğiz. (Ali İmran, 145)

* * *

Mallarını halka gösteriş için harcayıp Allah'a ve âhiret gününe iman etmeyen kimseleri de Allah elbette sevmez. Şeytan kimin arkadaşı olursa, artık o arkadaşların en kötüsüne düşmüş demektir. Allah'a ve âhiret gününe inansalar ve Allah'ın kendilerine ihsan ettiği nimetlerden harcasalardı ne zararları olurdu sanki? Allah onları pekiyi bilmektedir. (Nisa, 38,39)

* * *

Dünya hayatı bir oyun ve oyalanmadan başka bir şey değildir. Âhiret yurdu ise, fenalıklardan sakınanlar için daha hayırlıdır, halâ akıllanmayacak mısınız? (Enam, 32)

* * *

Halbuki âyetlerimizi ve âhirete kavuşacaklarını yalan sayanların bütün işleri ve eserleri boşa çıkmıştır. Böyle olmayıp ne olacaktı ya? Onlar yaptıklarından başkasıyla mı karşılık göreceklerdi? (Araf, 147)

* * *

Bu anlatılan olaylarda, âhiret azabından korkanlar için elbette ibret verici bir ders vardır. O gün, bütün insanların bir araya toplandığı mahşer günü olacaktır. O gün bütün gök ve yer ehlinin tanık olacağı gündür! (Hud, 103)

* * *

Allah dilediği kimsenin rızkını bollaştırır, dilediği kimsenin rızkını ise daraltır. O inkârcılar, sadece dünya hayatıyla sevinirler. Halbuki dünya hayatı, âhiretin yanında geçici, değersiz bir metadan başka bir şey değildir. Onlara dünya hayatında bir azap vardır âhiret azabı ise daha çok çetindir. Onları Allah'ın elinden kurtaracak kimse de yoktur. (Rad, 26-34)

* * *

Övgüye lâyık olan) Allah'ın yoluna, göklerde ve yerdeki her şeyin sahibinin yoluna insanları çıkarman için sana indirdiğimiz bir kitaptır. Kendilerini bekleyen o çetin azaptan ötürü vay o inkârcıların hallerine! Vay onlara ki, âhirete inanmalarına rağmen, bile bile dünyayı âhirete tercih ederler. İnsanları Allah yolundan çevirir de o yolu eğri büğrü göstermek isterler. İşte onlar haktan, doğru yoldan çok uzak bir sapıklık içindedirler. (İbrahim, 3)

* * *

O müminler ki namazı hakkıyla ifa eder, zekâtı verir ve âhirete kesin olarak iman ederler. Biz âhirete iman etmeyenlere yaptıkları işleri süsledik, o yüzden onlar körelmiş bir vaziyette bocalar dururlar. Onlara çetin bir azap vardır, âhirette ise en çok ziyana uğrayacak olanlar da onlardır. Fakat âhiretin varlığına dair bilgiler, kendilerine Resûlleri vasıtasıyla ulaşmaktadır. Doğrusu onlar bundan şüphe içindedirler. Hayır, hayır onlar âhiretten yana kördürler. (Neml, 3-4-5-66)

* * *

Ama âhiret diyarına gelince: Biz orayı dünyada büyüklük taslamayanlara, fesatçılık ve bozgunculuk peşinde olmayanlara veririz. Hayırlı âkıbet, günahlardan sakınanlarındır. (Kasas, 83)

* * *

De ki: "Dünyayı gezin dolaşın da, Allah'ın yaratmaya nasıl başladığını anlamaya çalışın. Sonra, Allah tekrar yaratmayı da ölümden sonra diriltmeyi de gerçekleştirecektir. Allah elbette her şeye kadirdir." (Ankebut, 20)

* * *

HADİS-İ ŞERİFLER

Rasûlullah (s a s) hafaza meleklerinin vazifelerini anlattığı bir hadiste şöyle buyurur:

"Bir Müslüman bir rahatsızlığa düşünce Allah onu koruyan hafaza meleklerine şöyle emreder: " Kulumun her gün ve gecede yaptığı iyiliklerin sevabını ona bu hastalık müddetince yazın." (Dârimî, Rikâk, 56)

* * *

Cebrâil (a s) her şekle girebilir. Peygamber Efendimiz (sallallâhu aleyhi ve sellem) onu biri vahyin başlangıcında Hıra'dan Mekke'ye gelirken, diğeri Mirâc'dan dönüşte Sidretü'l-Münteha'da olmak üzere iki defa kendi aslî şekliyle görmüştür. (es-Saâtî, el-Fethu'r-Rabbânî, VIII, 5)

* * *

İsrâfil (a s)'a Sûr'a üfüreceği için Sûr Meleği de denilmiştir. Peygamber (s a s)'e Sûr'un mahiyeti sorulunca şöyle demiştir: "Üfürülen bir boynuzdur." (Ahmed b Hanbel, II, 196)

* * *

Peygamberimiz (sallallâhu aleyhi ve sellem); "İsrâfil Sûr'u tutmuş hazır bir şekilde kendisine ne zaman üfürmek için emredileceğini bekliyor" buyurmuştur. (Taberî, Câmiu'l-Beyân, VII, 211; İbn Kesir, Tefsîru'l-Kur'âni'l-Azim, Mısır, t y III, 276)

* * *

5. BÖLÜM

1. KONU

İBADET - NAMAZ

Nasıl Namaz Kılmalıyız?

Namaz, imanın ikiz kardeşi gibidir. İkisini birbirinden ayırmak çok zordur. O, imandan sonra en önemli ibadettir. Dinde, imandan sonra en büyük hakikat, namazdır. Bu anlamda namaza pratik iman, imana ise nazarî bir namaz diyebiliriz. O, dünyanın boğucu atmosferinden sıkılan insana gökler ötesinden yapılan bir miraç çağrısıdır. Bu çağrıya uymak her mü'minin en hayati kulluk borcudur.

Peygamber Efendimiz'e (sallallâhu aleyhi ve sellem), "Allah'ın en çok sevdiği amel hangisidir?" diye sorulunca, "Vakti gelince kılınan namazdır." Buyurur. O yüzden mümin, günde en az beş defa sonsuz kudret sahibi ve her şeye hükmünü kabul ettiren Rabbi'nin huzuruna çıkarak namazını hakkıyla kılmalıdır. Bunu bizden bizzat Rabbimiz istemektedir: "İman eden kullarıma söyle: Namazı dosdoğru kılsınlar." (İbrahim, 31)

Namaz dinin direğidir. Malumunuz bir binayı ayakta tutan direkleridir, sütunlarıdır. Onlar, olmazsa bina ayakta duramaz. Aynen bunun gibi namaz İslâm binasının direğidir. O olmadığı takdirde kişinin kulluk hayatı ciddi sıkıntılara, sarsıntılara gebe demektir.

Namazı terk etmek, kılmamak büyük günahtır. Peygamberimiz, kıyamet gününde hesabı sorulacak ilk amelin namaz olacağını bildirmiştir.

Cenâb-ı Hak namaza, namazını kılan mümine değer vermektedir. Bir mümin de namaza Allah'ın verdiği kadar değer vermelidir. Çünkü Allah, neye ne derece ehemmiyet veriyorsa, ona o kadar değer vermek kalbin Allah'la irtibatının emâresidir.

Şimdi her müminin en azından ilmihâl derecesinde bilmesi gerekli olan namazla alâkalı birtakım hususları incelemeye çalışalım.

Hapishanede Kılınan Namaz

Horasan valisi Abdullah ibn Tâhir, çok âdil biriydi. Jandarmaları birkaç hırsız yakalamış, valiye bildirmişlerdi. Getirilirken hırsızlardan birisi kaçtı. O sırada Hiratlı bir demirci, Nişapur'a gitmişti. Demirciyi gece eve giderken jandarmalar yakaladılar ve diğer zanlılarla beraber valiye çıkardılar. Vali dedi ki:

– Hepsini hapsedin!

Bir suçu olmayan demirci, hapishanede hemen abdest alıp namaz kıldı. Ellerini uzatıp "Yâ Rabbi! Bir suçum olmadığını ancak Sen biliyorsun. Beni bu zindandan ancak Sen kurtarırsın!" diye dua etti.

Vali uyurken rüyasında dört kuvvetli kimse gelip tahtını ters çevirecekleri zaman uykudan uyandı. Hemen kalkıp abdest aldı, iki rekât namaz kıldı. Tekrar uyudu. Tekrar o dört kimsenin tahtını yıkmak üzere olduğunu gördü ve uyandı. Kendisinde bir mazlumun âhı olduğunu anladı. Vali hemen hapishane müdürünü çağırtıp sordu:

– Acaba bu gece hapishanede mazlum birisi kalmış mı?

Müdür dedi ki:

– Bunu bilemem efendim. Yalnız biri namaz kılıyor, çok dua ediyor gözyaşları döküyor.

– Hemen adamı buraya getiriniz.

Demirciyi valinin yanına getirdiler. Vali hâlini sorup durumu anladı ve dedi ki:

– Sizden özür diliyorum. Hakkını helâl et ve şu bin gümüş hediyemi kabul et. Herhangi bir arzun olunca bana gel!

Demirci de cevabında dedi ki:

– Ben hakkımı helâl ettim. Verdiğiniz hediyeyi kabul ettim. Fakat işimi, dileğimi senden istemeye gelemem.

– Neden gelemezsiniz?

– Çünkü benim gibi bir fakir için, senin gibi bir sultanın tahtını birkaç defa tersine çevirten sahibimi bırakıp da dileklerimi başkasına söylemek kulluğa yakışır mı? Namazlardan sonra ettiğim dualarla beni nice sıkıntılardan kurtardı. Pek çok muradıma kavuşturdu. Nasıl olur da başkasına sığınırım? Rabb'im, nihayeti olmayan rahmet hazinesinin kapısını, ihsan sofrasını herkese açmış iken başkasına nasıl giderim? Kim istedi de vermedi?

Kim geldi de boş döndü? İstemesini bilmezsen alamazsın. Huzuruna edeple çıkmazsan rahmetine kavuşamazsın!

2. KONU

İBADET - NAMAZ

Bir Akşam Namazı Vakti

Bir akşam namazı vakti Resûlullah Efendimiz, namazı kıldırdıktan sonra nafile namaz için evine geçmişti. Cemaatin bir kısmı da evlerine gitmişti. Bir kısmı da mescitte kalmaya devam etti. Çok geçmeden Peygamberimiz hızlı adımlarla nefes nefese mescide geldi. O'nun bu gelişi üzerine sahabîler dikkatle O'na yönelmişlerdi. Bunun üzerine Allah Resûlü şöyle buyurdu:

– Müjdeler olsun! İşte Rabb'iniz! Gök kapılarından bir kapı açmış. Meleklere karşı sizlerle iftihar ediyor ve diyor ki: "Kullarıma bakın! Farz namazlarını kıldılar. Şimdi de diğer namazı beklemekteler!"

Daha sonra Nebîler Nebîsi, akşam namazının ardından altı rekât nafile namaz kılan kişinin evvâbinden yani günah işleyip arkasından hemen tövbe eden kimselerden sayılacağını söyledi. Ardından da şu âyeti okudu: "Rabb'iniz içinizden geçenleri çok iyi bilir. Eğer siz iyi olursanız, şunu bilin ki Allah, kötülükten yüz çevirerek tövbeye yönelenleri son derece bağışlayıcıdır."(İsra Sûresi, 25. âyet)

3. KONU

İBADET - NAMAZ

Zaman Zaman Kulluk Vazifemizi Unutabiliyoruz

Bir doktor anlatıyor: Çok yakın bir arkadaşım, 3-4 yaşlarındaki oğlunu kucağına almış, telaşla muayenehaneye gelmişti. Küçüğün ateşlendiğini ve kusmaya başladığını söylüyor, oğluna duyduğu sevgi onda büyük bir üzüntü ve endişe meydana getiriyordu. Kısa bir muayeneden sonra, yediği bir şeyin dokunmuş olabileceğini düşünerek sorduğumda;

"Buzdolabındaki bir kiloya yakın dondurmanın hemen hemen hepsini yemiş. Biz sonra fark ettik." dedi.

Mesele anlaşılmıştı. Ancak çocuğuna karşı büyük bir muhabbet duyan babayı teskin etmek, çocuğu tedavi etmekten daha zor olmuştu. Bu itibarla çocuğun da babasını ne kadar sevdiğini göstermek, aynı zamanda hastalanmasına sebep olan dondurma olduğunu ihsas etmek için; 'Oğlum, babanı mı yoksa dondurmayı mı daha çok seviyorsun?' dedim. Çocuğun cevabı; "Dondurmayı..." olmuştu.

Evet, çocuk henüz 3-4 yaşındaydı. O sevdiği şeye fazla düşkünlüğün kendisine zararı olacağını, ayrıca onu temin edenin babası olması cihetiyle, öncelikle onu sevmesi gerektiğini, onun için hiçbir şeyi esirgemeyenin, dondurma gibi bir şeyle kıyas bile edilemeyecek bir varlık olan babası olduğunu bilecek idrak şuuruna sahip değildi. Sadece çocukluk hissini dile getirmişti.

İşte biz büyükler; çoğu zaman idraksiz, şuursuz ufacık çocuğun durumuna düşerek, bize sonsuz nimetleri bağışlayan Yüce Rabbimize şükretmemiz, en çok O'nu severek O'na yönelmemiz gerekirken, yine O'nun lütfu olan dünya nimetlerini daha çok sevmiyor muyuz? Dünya hayatına dalarak kulluk vazifemizi unutmuyor muyuz? Bu fani dünya hayatına fazla düşkünlüğün bize zararı olduğunu bile bile...

Bir Hikâye / İbadet Etmenin Yaşı Olur mu?

İyi bir terziydi. Dört dörtlük elbiseler dikerdi. Hiçbir eksiklik bırakmamaya çalışırdı. Bazılarının 'kim anlar onu!' dediği yanlışları bile hemen düzeltmeye çalışırdı. Onun için gece gündüz çalıştığı olurdu. Çoğu akşamları sabahlardı dükkânda, elindeki işi bitirmek için.

Namazlarını hiç kaçırmazdı. Çoğu zaman camiye gider bazen de dükkânda kılardı.

Bir gün ezan okunuyordu. Hemen dükkânını kapayıp camiye yetişmek istiyordu tam bu sırada karşı marangoz çağırdı. "Hayırdır" diyerek içeri girdi. Adam çay söylemek istemişti. Ama o, kahve çayından nefret ederdi. Kendisinin küçük bir semaveri vardı onunla çayını ağır ağır kaynatırdı. Kibarca reddetti. Bir müddet bakıştıktan sonra marangoza; "Acelem var gitmem lazım." dedi bunun üzerine marangoz: "İşler nasıl, müşteriler çok mu?" gibi havadan sudan sorularla oyaladı. Terzinin işini önemsemiyordu adeta.

Bunun üzerine terzi bir kez daha kapıya doğru yöneldi. Bu sefer genç marangoz; "Yahu abi seni hep namazdayken görüyorum. Daha çok gençsin, biraz yaşamamız gerekmez mi? Tamam yaşlanınca kılarız, uzatırız sakalı."

Genç adam beklemediği soru karşısında biraz düşündü..."Peki ya yaşlanamaz isek? Genç ölümleri hiç duymadın mı?" "Ya abi bırak gericiler gibi konuşmayı genç ölümler binde hatta yüz binde bir olur. Yaşlanınca yapsak daha iyi olur, yaşlılık biçilmiş kaftan bu işler için..."

Genç karşısındakine bir şey anlatamayacağını anladı ve her zamanki tavrıyla nazikçe izin isteyip çıktı. Ertesi gün dükkânına geldiğinde karşıda bir topluluk gördü, meraklandı. Dükkân mı soyuldu acaba diyerek sokuldu kalabalığa. Herkes üzgün bir hâlde idi. Kimseye soru soramadı. Etrafta bir zorlama izi de yoktu. İçeri girdikçe kalabalık artmıştı. Derken biri; "Yazık oldu çocuğa daha çok gençti." İşitince bunları, anladı ne olduğunu...

4. KONU

İBADET - NAMAZ

Bir Hikâye / İki Genç ve Önlerine Çıkan İki Yol

Bir zamanlar, uzak mı uzak diyarların birinde Sencer ve Kaya adında iki genç yaşarmış. Yüksek ve karlı dağların gölgelediği küçük köylerine sığamayan bu delikanlılar, bir gün hükümdarın ordusuna katılmışlar ve hükümdarın emriyle uzak bir şehre görevli olarak gönderilmişler. Hazırlanıp yola koyulmuşlar. Bir süre sonra yolun ikiye ayrıldığını görmüşler, fakat hangi yola gideceklerine karar verememişler. Orada bulunan bir adama sormuşlar:

– Bu yollar nereye çıkar?

– İkisi de aynı şehre çıkar, diye cevap vermiş adam.

– Hangi yol kısadır, diye sormuşlar tekrar.

– İkisi de eşit mesafededir, demiş adam.

İki genç şaşkınlıkla birbirlerine bakmışlar. Çevreyi iyi bildiği her hâlinden belli olan bu garip adama bir kez daha sormuşlar:

– Hangi yol iyidir?

Adam onları şöyle bir süzdükten sonra ağır ağır açıklamış durumu:

– Birinci yol oldukça güvenlidir. Bu yolda gidenlerin onda dokuzu rahat yolculuk eder ve kârlı çıkar. İkinci yolun bir ayrıcalığı yoktur. Üstelik o yolda giden on yolcudan dokuzu tehlikelerle karşılaşır ve zarar görür!

Bu açıklamalardan sonra gençlerin şaşkınlığı bir kat daha artmış."Bu durumda ikinci yolu kim niye tercih etsin ki?" diye düşünmüşler.

Garip adam, onların düşüncelerini okumuşçasına sözlerine devam etmiş.

– Hepsi bu kadar değil, demiş. Birinci yol, hükümdarın askerlerinin kullandığı yoldur. Bu yolu tercih edenler yanlarında silah ve askerlik için gerekli malzemeyi taşımak zorundadırlar. İkinci yol ise, hükümdara tâbi olmayanların kullandığı yoldur. Yolcuların çanta ve silah taşıma zorunluluğu yoktur. Bu nedenle rahat yolculuk eder gibi görünürler.

Sencer, adama teşekkür ederek, çantasını sırtına, silahını beline yükleyip birinci yola yönelmiş. Âdeta vücudunun bir parçası gibi benimsediği bu mühimmatı ne olursa olsun bırakmaya niyetli değilmiş. Bir asker olarak ihtiyaç duyabileceği her şeyin yanında olduğunu bildiği için, kalbinde ve ruhunda zerre kadar endişe yokmuş.

Ancak, emir altında yaşamaktan ve sırt çantasının ağırlığından yorulacağını zanneden Kaya, diğer yolun kendisi için daha uygun olduğunu düşünmüş. Sencer ile vedalaşmış. Çanta ve silahını bir kenara fırlatıp az da olsa hürriyetin tadını çıkarmak hayaliyle yola koyulmuş.

Sencer, uzun bir yolculuktan sonra şehre ulaşmış. Kendisine verilen görevi başarıyla yerine getirdikten sonra komutanı bulmuş. Durumdan memnun olan komutan çeşitli hediyelerle Sencer'i ödüllendirmiş.

Öte yanda Kaya, kırda gezinircesine şarkılar söyleyerek keyifle ilerlemiş; ama başına gelmedik iş kalmamış. Acıktığını hissettiğinde bir ağaç gölgesinde mola vermek istemiş. Oysa etrafta ne yiyecek bir şey, ne de içecek su varmış. Çantasını yol ayrımında bıraktığını hatırlamış. Çaresiz, ince ağaç dallarını koparıp yemeye çalışmış. İşte ne olduysa o sırada olmuş. Nereden çıktığı belli olmayan keskin bakışlı siyah bir panter ona doğru atılmış. Yanında silahı olmadığını fark eden Kaya ne yapacağını bilemeden, ağaçlar arasında şuursuzca koşmaya başlamış. Nefesi tükenip dizlerinin bağı çözüldüğünde etrafa şöyle bir göz atmış. Hiçbir şey görememiş. Kara panterden kurtulduğunu düşünerek derin bir soluk almış. Ama sevinci uzun sürmemiş. Gür ağaçların gölgelediği ormanda kaybolduğunu fark etmiş.

Saatlerce, ne tarafa gittiğini bilmeden yürümüş. Bir ağaca yaslanarak uykuya dalmış. Soğuk bir gecenin ardından güneşin ilk ışıkları yüzüne vurduğunda kamaşan gözlerini açmış. Etrafta kim oldukları tam seçilemeyen insanlar varmış. Kurtulduğunu düşünüp ayağa kalkmış, ama ellerindeki kılıçlardan, yanındakilerin, sınırdan geçen düşman askerleri olduğunu fark etmiş.

Sarp dağlarda aylar süren esaretten sonra Kaya, bir fırsatını bulup kaçmış ve perişan bir durumda şehre ulaşmış. Komutanın huzuruna çıkacak cesareti kendinde bulamamış. Korku ve açlıktan titreyerek bir köşede dilenmeye başlamış. Devriye gezen askerler onun durumundan şüphelenmişler ve onu sorgulamışlar. Durumu anlayınca, görevi ihmal etmekle suçlayıp zindana atmışlar. Kaya, kendisine uzatılan bir tas çorbaya uzanırken, zindana atılmayı hak ettiğini düşünmüş. Bir süre sonra zindanın kapısı açılmış. Kaya içeriye giren askeri tanımış. Bu Sencer'miş.

İki arkadaş hasretle kucaklaştıktan sonra Sencer:

– Başına gelenleri öğrendim ve senin için komutanla görüştüm. Mahkemede pişmanlığını dile getirip, af dilersen serbest kalacaksın!

Birkaç gün sonra serbest kalan Kaya'nın sevincine diyecek yokmuş. Sencer'i aramış. Nihayet onu bir köşede ibadet ederken bulmuş.

– Her zaman olduğu gibi görevlerini de ibadetlerini de aksatmıyorsun, demiş.

– Bu da Allah'a karşı görevimiz, diye karşılık vermiş Sencer. Sonra da, yolculuk boyunca başımıza gelen olaylarla şu yaşadığımız hayat birbirine benzemiyor mu, diye sormuş Kaya'ya.

– Ne demek istediğini anlayamadım, diye cevap vermiş Kaya şaşkınlıkla. Sencer, onun gözlerine bakarak devam etmiş:

– Düşün ki yaptığımız yolculuk hayat yolculuğudur. Ruhlar aleminden gelip kabirden geçer ve ahirete gider. İbadet bu yolculuk sırasında taşıdığımız çanta ve silahtır. İbadet zor ve ağır gibi görünür; ama gerçekte öyle bir rahatlık verir ki, tarif edilemez.

– Nasıl bir rahatlık bu, diye sormuş Kaya. Sencer şöyle cevap vermiş ona:

– İbadet eden insan bilir ki, Allah'tan başka ilâh yoktur. Her şey onun elindedir ve o hikmetsiz iş yapmaz. Üstelik lütfu ve merhameti de çoktur. Bu nedenle, darda kalınca Allah'a sığınır, imanı ve ibadeti ona güven verir. Dünyadan göçüp ahirete ulaştığında da, görevini tam yapan bir asker gibi ödüllendirilir.

– Şimdi anlıyorum, demiş Kaya. Benim gibi gafillerse hayatını endişelerle yaşar. Yine de, arzu ve emellerinin sınırsız, gücünün sınırlı olduğunu unutur; Allah'a ibadeti terk eder. Buna karşılık kimi zaman kullara kul olur, kimi zaman da ihtiyaçlarını onlardan isteyerek dilencilik eder.

Ahirete ulaştığında ise görevini ihmal eden asker gibi ceza görür! Sonra da Sencer'in gözlerinin içine bakarak sormuş. Nasıl, iyi anlamış mıyım?

6. BÖLÜM

1-2-3-4. KONU

TARİH ŞUURU

Tarihten Güç Almadan İlerlemek Mümkün Değildir

Tarihin ve kültürel değerlerin her millet için büyük bir önemi vardır. İnsanlar, tarihi geçmişlerini, kültürlerini, medeniyetlerinin ortaya çıkışını ve mertebe kazanmalarını tarihin derin sayfalarından öğrenebilirler.

İnsanların geçmiş zamanların güzel hatıraları ile zaman zaman neşelendikleri gibi milletler de mazinin irfan ve zaferlerini yâd ederek maddî ve manevî hayatlarını güçlendirirler. Zira zihinler yalanlarla ve uydurma bilgilerle de kaplı olsa, hakikatler tarihin berrak yapraklarında mevcuttur. Mazisi derin, ihtişamlı ve insanı meziyetlerle dolu bir millet, tarihinden asla ayrı düşünülemez. Sonsuz bir müddet yaşamak arzu ve gayretinde olan, yüksek seviyeli ve milli şuurla kaplı bir milletin tarihini yaşatması kendileri için hayati bir görevdir.

Evet, tarihin geçmiş sayfaları bir milletin geleceği için atacağı adımların izlerini taşır. Diğer bir ifade ile gelecek zaman, geçmiş zamanın bir aynasıdır. Kendi kültür ve medeniyetinin tarihte nelere kâdir olduğunu bilmeden, tarihten güç almadan ilerlemek mümkün değildir. Tarihteki büyüklerimizin kendi gelenek ve örflerine sahip çıkarak, kendi değerleriyle nasıl hüküm sahibi olduklarını bilmek gerekir ki değişmeden ve başkalaşmadan geleceğe umutla bakmak gerekir. Geçmişini iyi bilenler, geleceğine umutla ve endişesiz bakabilirler.

Bununla beraber sadece tarihiyle ve eskiden yaşadığı menkıbelerle övünüp duran ve yarın başkalarının anlatacağı hareketleri ortaya koyamayanların ciddi bir tarih şuuruna sahip oldukları söylenemez. Tarih şuuruna sahip olmak demek tarihiyle yetinmek ve avunmak demek değildir. Tarih şuuruna sahip çıkmak, tarihten ibret alıp geleceğe yürürken onun gücünü arkana almak demektir. Kendi değerlerine sahip çıkan, ruhlarında sarsılmaz bir iman, bünyelerinde büyük bir irade taşıyan milletler, hiçbir zaman yok edilemezler.

Bizim milletimizi uzun zamanlardan beri çeşitli hile ve tuzaklarla tarih şuurundan ve tarihi değerlerinden uzaklaştırmak için çalışan pek çok güç olmuştur. Bunu kısmen de olsa başarmış gibi görünen bu insanlara karşı özellikle genç neslimizin uyanık olması ve tarihini en doğru kaynaklardan öğrenmeleri gerekmektedir. Tarih şuuruna sahip çıkmak, kendi öz değerleriyle barışık yaşamak, bu yüce milletin ruhunda ve özünde bulunmaktadır. Kendisine tarihi unutturulmuş insanımızın silkinip kendine gelmesi derlenip toparlanması ve o eski günlerine tekrar dönmesi kuvvetle muhtemeldir. Tarihe bakılınca bu milletin kurduğu bir devletin yıkılmasından sonra yeni bir tanesinin asırlarca hükümranlığa devam etmesi bunun en açık göstergesidir. Bugün, haysiyetli, sağlam ve şerefli bir hayat yaşayabiliyorsak bunun tarihimizle ilgili olduğunu unutmamalıyız.

Evet, tarihimiz göstermektedir ki kendi inancına, kültür ve medeniyetinin öğretilerine sıkı bir şekilde bağlı olanlar her zaman ilerlemiş, buna mukabil başkalarının değerlerini taklit edip kendi tarihinden uzak duranlar da kendi milli birlik ve beraberliklerini bozmuşlardır. Bundan dolayı geçmişi ile geleceğinin hesabını yapabilen bir nesile çok ihtiyaç bulunmaktadır. Kendi ruhundan kopmadan, kendi kültürünü unutmadan ilim ve irfanda ilerlemek ve ileri teknolojileri öğrenmek gerekir.

Onlar Ölü Değil

Çanakkale Savaşları'nın üzerinden on dokuz yıl geçmişti. Büyük Anafartalar Köyü, savaşın yaralarını yeni yeni sarmıştı. Yeni yetişen gençlerin tamamı neredeyse şehit çocuğuydu.

Çoban Mustafa da bunlardan biriydi. Mustafa, her zamanki gibi erkenden koyunlarını otlatmaya çıktı. O gün tepeye doğru biraz fazla açılmıştı. Yoksa her zaman böyle uzağa gitmiyordu. Zira askerlerimizin şehit düştüğü yerlere koyunlarını sürmekten çekiniyordu. "Şehitlerin ruhunu rahatsız ederim." endişesi içindeydi. Koyunları biraz uzaklaşacak olsa, hemen dualar okuyarak onları geri çevirirdi.

O gün, koyunların epey uzaklaştığını gördü. Telâşlandı.

Dua okuyarak hızla tepeye yöneldi. Tepede iki servi ağacı vardı. Hafif bir rüzgâr, servilerin dallarını ırgalıyordu. Koyunlar, servi ağaçlarının ilerisine kadar uzaklaşmıştı. Hemen önlerine varıp yönlerini geri çevirdi. Geri dönen koyunların, iki servi ağacının arasından geçmeleri gerekiyordu. Fakat Mustafa'nın hiç beklemediği bir durum oldu. Koyunlar, bir türlü servi ağaçlarının arasından geçmek istemiyordu. Servi ağaçlarının yanına gelince sağa sola kaçışmaya başladılar.

Koyunlar, âdeta oraları çiğnememek için özen gösteriyor gibiydi. Mustafa, meraklanmıştı. "Bunda bir iş var!" diye mırıldandı. İçinde bir ürperti hissetti. O günden sonra da koyunlarını servi ağaçlarının oraya sürmedi. Oradaki gizemli durumu merak ediyordu. Her gün koyunlarını aşağıda bırakarak servi ağaçlarının yanına varıyor, orada sebebini anlayamadığı bir huzur buluyordu.

Bir gün servi ağaçlarının dibinde uyuyakalmış, uyandığında ise hava çoktan kararmıştı. Gözleri koyunlarını aradı hemen. Tepeden aşağıya doğru inmeye başladı. Fakat birden ortalık aydınlanıvermişti. Alışılmadık bir durumdu bu. Mustafa, olduğu yerde kalakaldı. Çok heyecanlanmıştı. Gökten bir ışık hüzmesi ağır ağır servi ağaçlarının arasına indi. Mustafa, şaşkınlık ve hayretler içindeydi. Gözlerini ovuşturdu. Koyunları az ilerideydi. Birbirlerine sokulmuşlar, hiç kıpırdamadan ışığın indiği yere bakıyorlardı. Bir müddet sonra ışık kayboldu.

Mustafa, heyecanla koyunlarını köye doğru sürdü. Köye girer girmez de hemen muhtarın yanına koştu. Gördüklerini anlatacak bir babası yoktu çünkü. Muhtar, masum gencin dudaklarından dökülenleri dikkatle dinledi. O da heyecanlanmıştı. Zira gökteki parlaklığı o da görmüştü.

Muhtar, hemen ertesi gün yanına aldığı birkaç kişiyle servi ağaçlarının olduğu tepenin yolunu tuttu. Tepeye doğru gidenler heyecanlıydı.

– Acep ne ola ki?

– Belki de Allah'ın veli bir kulu yatıyordur orada!

– Veli birisi yatıyorsa sakın dokunup ruhaniyetini rahatsız etmeyelim.

– İnsanlar burada ne olduğunu bilmeli.

Muhtar, bu konuda kararlıydı.

– Burada ne olduğu elbette bilinmeli. Bu toprağın altında hayırlı bir şey olduğu belli. Bu ortaya çıkarılmalı. Fatih Sultan Mehmet ve Akşemseddin, Hazreti Eyyub El Ensari'nin kabrini böyle bulmamışlar mıydı?

Servi ağaçlarının yanına gelmişlerdi. İki servi ağacı, yine hafif rüzgârın etkisiyle salınıyordu. Çoban Mustafa'dan dinledikleri olayı düşündükçe içlerine bir ürperti yürüdü. Zaten kısa bir süre sonra ürpermekte ne kadar haklı olduklarını da ortaya çıktı. Yine gökte bir nur belirdi. Yavaşça servi ağaçlarının ortasına indi ve kayboldu. Hepsi, âdeta küçük dillerini yutmuşlardı. Kendisini ilk toparlayan muhtar oldu. Hemen, oradaki gençlerden birkaçını köye göndererek kazma kürek getirmelerini istedi. Gençler, hızla köye yöneldiler. Gençlerin kazma küreklerle dönmeleri uzun sürmedi. İki servi ağacının arasını hep beraber kazmaya başladılar. Kazılan yer diz boyuna geldiğinde elbise parçaları çıktı. Dışarıdakiler merakla kazılan yere bakmaya başlamışlardı. Birden kanlı bir asker elbisesi göründü. Kazmaları kürekleri bırakıp, elleriyle toprağı eşelemeye başladılar.

Bu bir askerdi. Hem de Çanakkale şehidiydi. Üzerindeki asker elbisesinin renginden belliydi. Askerin cesedi, on dokuz yıl boyunca hiç bozulmamıştı. İçlerinden birisi, "Allah yolunda öldürülenleri ölü saymayın, bilakis onlar Rab'leri katında diridirler." âyetini hatırlattı.

Herkes hayretler içinde ürpermişti. Askerin bir eli başının altında bir eli göğsündeydi. Omzundaki şeritler, çavuş olduğunu gösteriyordu. Bir ayağı yoktu ve kanamaması için kopan yerinden bezle sarılmıştı. Bu harikulade durum karşısında ürperen köylüler, tekbir getirmeye başladılar. Gecenin sessizliğini, bir anda tekbir sesleri dokumaya başladı:

– Allahü Ekber, Allahü Ekber! Lâ ilâhe illallahu vallahu ekber!

Muhtar, üzerinden ceketini çıkararak şehidin üzerine serdi ve:

– Bu durumdan yetkilileri haberdar etmeliyiz. Bu şehit, herkesin şehididir. Bütün milletimiz bu durumu bilmeli, dedi.

Bir gün sonra ilçeden kalabalık bir heyet geldi. Hadise bütün ilçede kulaktan kulağa yayılmıştı. O gün Anafartalar Köyü'ne bütün ilçe geldi dense yalan olmazdı. Şehit, kalabalığın önünde mezardan çıkarıldı. Üzerinden, yazısının bir kısmı silinmiş bir künye çıktı. Künyede 27 sayısı ile Mehmet ismi yazıyordu. Şehit, kaldırılıp tabuta konurken elbiselerindeki kan görülebiliyordu. Yüzünde tatlı bir tebessüm vardı. Kalabalıkta hafif bir dalgalanma oldu. Birden herkes tekbir getirmeye başladı:

– Allahü Ekber, Allahü Ekber! Lâ ilâhe illallahu vallahu ekber!

Bu topraklar, bu gür sedaya yabancı değildi. Lakin on dokuz yıldır burada bu kadar gür tekbir getirilmemişti. Oradakiler, gözyaşları içinde şehit askerin naşını omuzlarına aldılar. Bu sırada birdenbire servi ağaçları, yere doğru eğilir gibi oldu. Sanki yıllardır koyunlarında yatan şehidi vermek istemiyorlardı. Tabutu sırtlayanlar, bir an durakladı. Çünkü gaipten bir ses duyulmuş, herkesin nutku tutulmuştu.

İnsanlar, şaşkınlık üzerine şaşkınlık yaşıyorlardı.

"Niçin onu ele veriyorsunuz? O bütün duygularını, bütün sırlarını sizinle paylaşmadı mı? Bırakın artık makamına gitsin."

Bu sesin duyulmasıyla, servi ağaçlarının doğrulması bir oldu. Ancak olay bir kere gerçekleşmiş, birçok insan bu durumdan haberdar olmuştu. Demek ki burada yatan kutlu şehit, aynı zamanda derin bir Allah dostu idi. Oradakiler, bu olağanüstü durum karşısında ürpertiyle yeniden tekbir getirmeye başladılar. Kalabalık, gözyaşları içinde şehidi Gayrettepe'ye getirdi. Şehit Mehmet Çavuş, bütün Mehmetçikleri temsilen dualarla Gayrettepe'ye gömüldü. Yanına da bütün Mehmetçikleri temsilen bir anıt yapıldı. Artık bazı geceler, Gayrettepe'ye nurlar iniyordu. Servilerin ise boynu bükük kalmıştı.

II. Abülhamit'in Han'ın İptal Ettirdiği Tiyatro

Yıllar yılı okullarımızda ders kitabı olarak okutulan tarih kitaplarımızda Kızıl Sultan diye gençlere öğretilen Cennet mekân II. Abdülhamit Han Hazretlerinin, dinimize ve kitabımıza küfretmek isteyenlere karşı gösterdiği amansız mücadelelerinde bir tanesi bugün Dışişleri bakanlığı arşivinde 12 numaralı fihristin 61. Sayfasındaki TS-TI rumuzlu belgede şu şekilde ifade ediliyor:

"Hazreti Muhammed'in nam-ı kudsiyetlerine dair tertip olunan oyuna dair" Fransa, II. Cumhuriyet devrinde, Sadi Karnot'un Cumhurbaşkanlığı sırasında, tanınmış Fransız yazarlardan Markide Bornier "Muhammet" isimli manzum bir dram yazmış, bunu Komedi Franz'e kabul ettirmiş (1888), programına aldırtmış ve sahne provalarına başlattırmıştır (1890). Piyes, Hazreti Muhammed'i sahnede belirttiği gibi, onu ve İslam dinini aşağılamaktadır.

Abdulhamid duruma derhal müdahale ederek bütün Fransa tiyatrolarında oyunun sahnelenmesini yasaklattırmıştır. Islama ve Müslümanlara karşı düşmanlığını Hıristiyanlık taassubunu edebî bir kılığa bürünerek açığa vurmak isteyen yazar, emeline Fransa'da ulaşamayınca, piyesini İngiltere'de oynamak istedi. Tanınmış İngiliz aktör Irvinç ile anlaştı. Oyunun Londra Lyceum tiyatrosunda sahnelenme hazırlığına başlandı. Abdülhamid, derhal devreye girerek piyesin İngiltere'de de oynanmasını engelledi. 1900'de yine Paris'te "Muhammed'in Cenneti" isimli piyesin ismi değiştirilmiş, Islama karşı telmih sayılabilecek hususlarda piyesten çıkarılmıştır. 1893'te Roma'da" II. Mehmet isimli piyesle ilgili İtalya Hariciyesi'ne müracaat edilmiş, Fatih'i, İslam'ı küçültücü hususlar varsa piyesin yasaklanacağı garantisi alınmıştır. Markide Bornier, piyesini oynatmaktan vazgeçmemiş, 1893'te Fransız Akademisi'ne seçilmesiyle hain emelini gerçekleştirme fırsatı yakaladığını zannetmiştir. Londra'da Hariciye Vekili ve aktörlerle anlaşma yapıldığı, oyunun oynanacağı haberi gazetelerde yer almıştır. Hariciyemiz yine harekete geçmiş ve Bornier emeline ulaşamamıştır.

7. BÖLÜM

1-2-3-4. KONU

EFENDİMİZ

Niçin Güzel Ahlâk Sahibi Olmalıyız?

"Hiç bir anne baba, çocuğuna güzel ahlâktan daha güzel bir miras bırakmamıştır." (Tirmizî, Birr, 33)

Niçin Güzel Ahlâk?

Dinimiz İslâm kadar güzel ahlâka önem veren başka hiçbir din ve sistem yoktur. Bu anlamda Efendimiz "İslâm, güzel ahlâktır." buyurmuştur. Güzel ahlâk sahibi olmak, Müslüman olmanın en güzel bir tezahürüdür. Allah Resûlü'nün güzel ahlâka teşvik eden pek çok güzel sözü vardır. Mesela, "Mü'minlerin imanca en olgun olanı, ahlâkı en güzel olanıdır." sözü ile güzel ahlâkın inanç üzerindeki önemini belirten Efendimiz, şu hadisi ile de kendisine yakın olmanın yolunun güzel ahlâktan geçtiğini belirtmektedir: "İçinizden en çok sevdiklerim ve kıyamet gününde bana en yakın olanlarınız, ahlâkı en güzel olanlarınızdır."

Yüce kitabımız Kur'ân'da adalet, verilen sözde durmak, bağışlayıcı olmak, alçak gönüllülük, ana-babaya itaat, güvenirlilik, sevgi, kardeşlik, barış, doğruluk, cömertlik, merhamet, müsamaha, tatlı dilli olma, güler yüzlülük, temiz kalplilik gibi güzel ahlâka teşvik eden pek çok âyet bulunmaktadır.

Bununla beraber zulüm, gösteriş, haset, gıybet, çirkin sözlülük, asık suratlılık, cimrilik, bencillik, kıskançlık, kibir, kin, kötü zan, israf, bozgunculuk... gibi kötü huy ve davranışlardan nehyeden pek çok âyet de bulunmaktadır ki bunlar dinimizin güzel ahlâka ne kadar büyük önem verdiğini göstermektedir.

Peki, niçin güzel ahlâk sahibi olmalıyız? Bunu birkaç maddede ele alalım:

1. Çünkü dinimiz ibadetlerin yanı sıra özellikle de insanlar arası ilişkilere büyük önem vermiştir ve güzel ahlâka sahip olmayanların dinini tam olarak yaşamaları mümkün değildir.

2. Çünkü güzel ahlâkı Efendimiz temsil ediyordu. Cennete ehil hâle gelmek için onun ahlâkı ile ahlâklanmak gerekir. Allah, Kur'ân-ı Kerim'de Peygamber Efendimiz'in bütün müminler için en güzel örnek olduğundan bahseder. Başka bir âyette de "Muhakkak ki sen güzel ahlâk üzeresin." buyrulur. Ancak Efendimiz'in güzel ahlâkını örnek almakla onun yaşadığı gibi yaşamak mümkündür.

3. Çünkü mümin, güzel ahlâk ile ibadette derinleşmiş insanların derecesine yükselebilir. Bunu Efendimiz (sallallâhu aleyhi ve sellem) bir hadislerinde şöyle anlatır:

"Kişi güzel ahlâkı sayesinde gece ibadet eden ve kavurucu sıcakta susuzluk çeken oruçlunun derecesine ulaşır." Bunu yanlış anlamamak gerekir. İbadet, insanın Allah'a olan kulluğunu göstermesi açısından çok önemlidir. Bununla beraber insanların içinde yaşayan bir müminin insanlar arası ilişkilerde dikkat etmesi gereken davranışlara riayet etmesi de gerekir. Bunu yaptığı zaman, başka bir ifade ile güzel ahlâk sahibi olduğu zaman ibadetleri en kamil ve tam manada yerine gelmiş olur.

4. Çünkü güzel ahlâk müminin cennete girmesine vesiledir. Allah Resûlü Efendimiz, kendisine insanları en çok Cennet'e koyacak olan amel sorulunca "Allah'a takva ve güzel ahlâk." buyurmuştur ki bu da ibadetle beraber güzel ahlâkın ne derece önemli olduğunu ve insanları cennete götürecek bir özellik taşıdığını belirtir.

5. Çünkü güzel ahlâk, iman ve inancın olgun ve kâmil olduğunu gösterir. Efendimiz bir müminde bulunamayacak iki hasletten bahseder ve bunların cimrilik ile çirkin ahlâk olduğunu belirtir. Yine Efendimiz, müminlerin iman bakımından en güzel olanlarının, ahlâken en güzel olanlar olduğunu da beyan eder.

6. Güzel ahlâk aynı zamanda Allah'a karşı yapılan bir kulluktur. Yani güzel ahlâk sahibi olmak demek ibadet etmek demektir. Zira Efendimiz yorulmadan yapılan en kolay ibadetin, boş laf konuşmamak ve güzel ahlâk olduğunu ifade etmiştir.

7. Çünkü güzel ahlâk Allah'ı ve O'nun sevgili Resûlü'nü sevmenin bir alametidir. Kıyamette Efendimiz'e en yakın olanların, ahlâkı en güzel olanlar olduğunu anlatan hadis bunu açık bir şekilde ortaya koyar. Allah bir kulu sevdiği zaman ona güzel ahlâk nasib eder.

8. Çünkü güzel ahlâk, güneşin kırağıyı erittiği gibi günahları yok eder, bitirir. Su, nasıl buzu eritirse güzel ahlâk da günahları eritir. Efendimiz kötü ahlâkın da sirkenin balı bozduğu gibi güzel amelleri bozacağını belirtir. O halde Efendimiz'in yaptığı şu duayı yapalım: "Ya Rabbi! Senden, sıhhat ve afiyet ve emanete hıyanet etmemek ve güzel ahlâk ve kaderden razı olmak istiyorum. Ey merhamet sahiplerinin en merhametlisi! Merhametin hakkı için, bunları bana ver!"

Efendimiz Çok Yumuşak Huyluydu

Güzel ahlâkın en önemli yönü yumuşak huylu olma, halîm olmaktır. Yumuşak huyluluk bir davanın ya da hareketingönüllere yerleşmesinde en önemli duruşlardan biridir. Kur'ân-ı Kerim'de Peygamber Efendimiz'in (sallallâhu aleyhi ve sellem) bu hâli şöyle ifade edilir. "İnsanlara yumuşak davranman da Allah'ın merhametinin eseridir. Eğer kaba, katı yürekli biri olsaydın, insanlar senin etrafından dağılıverirlerdi. Öyleyse onların kusurlarını affet, onlar için mağfiret dile ve işleri onlarla müşavere et! Bir kere de azmettin mi, yalnız

Allah'a tevekkül et! Allah muhakkak ki Kendisine dayanıp güvenenleri sever."

Resûl-i Ekrem Efendimiz (sallallâhu aleyhi ve sellem) sadece davasını tebliğde değil, bütün bir hayatında yumuşak huylu davranmıştı. Küçük yaşta Allah Resûlü'nün yanına gelen ve yıllarca hizmetinde bulunan ve Allah Resûlü'nün hayır ve bereket duasına mazhar olan Hazreti Enes (radıyallahu anh) şunu nakleder:

Allah Resûlü (sallallâhu aleyhi ve sellem) ahlâki açıdan insanların en güzeli idi. Ben çocukluğumda, kendisinin yanında bulunup hizmet ettiğim dönemlerde, bir gün, beni bir ihtiyaç için bir yere gönderdi. Ben de o günkü çocukluğun da sevkiyle giderken sokakta oyun oynayan çocuklarla karşılaştım. Onlarla birlikte oyuna dalıp işimi unuttum. Bir süre sonra bir de baktım ki; Allah Resûlü (sallallâhu aleyhi ve sellem) arkamdan başımı tutmuş gülümseyip duruyor. Bana:

– Ey Enescik, sana dediğim yere gitsen ya, dedi.

Ben de kendisine,

– Evet! Ey Allah'ın Resûlü! Hemen şimdi gidiyorum, dedim.

Hazreti Enes rivayetine devam ederek diyor ki:

– Allah'a yemin ederim! Ben kendisine yedi ya da dokuz yıl hizmet ettim. Yaptığım bir işten dolayı 'Niye böyle yaptın?' Yapmadığım bir işten dolayı da 'Niye böyle yapmadın?' dediğini bilmiyorum.

Peygamber Efendimiz ümmetine yumuşak huylu olmayı da tavsiye ediyor. Yumuşak uyluluğu kendisi şu sözüyle anlatır: "Hilim (yumuşaklık) öyle bir şeydir ki, bulunduğu her şeyi güzelleştirir." Başka bir mübarek sözünde de "Hak Teâlâ yumuşaklığı sever, yumuşak davranmakla birçok şeyler elde edilir. Sertlikle hiçbir şey elde edilmez." buyurur.

Evrensel Rahmet

Sözün başında da ifade ettiğim gibi, Allah Resûlü, mü'min, kâfir ve münafık , herkesin kendisinden istifade ettiği rahmet timsali bir insan dı. Mü'min O'ndan istifade eder; çünkü O, "Ben mü'minlere, kendilerinden daha yakınım..." buyurmaktadır. Biz O'nu kendi canımızdan daha çok severiz; Allah Resûlü de kendisine bu denli muhabbet besleyenleri aynı ölçüde sever; çünkü O, en büyük mürüvvet insanıdır. Bu bir muhakeme ve mantık sevgisidir. Bu sevginin hissî yanı olsa da daha çok mârifet buudlu ve mantık derinliklidir.

Şayet kurcalanıp işlettirilebilse insanda öyle bir kökleşir ki; insan, Mecnun 'un Leyla'sını aradığı gibi her yerde Resûlullah'ı arar durur. Arar durur da her adını anışta burnunun kemikleri sızlar ve O'nsuz geçen hayatı kendisi için bir hicran kabul eder.. ve O'nun için bir ney gibi inler gezer.

Evet, Allah Resûlü bize kendi nefislerimizden daha yakındır. Nasıl olmasın ki, biz nefislerimizden çok kere kötülük görürüz. Hâlbuki O'ndan hep kerem, iyilik, merhamet, şefkat ve mürüvvet gördük. O, Allah'ın rahmetinin temsilcisidir. Öyleyse elbette bize bizden daha yakındır. O: "Ben mü'minlere kendilerinden daha yakınım.

Kim bir mal bırakırsa o akrabalarınadır. Fakat kim de bir borç bırakır ve öyle giderse o banadır."

Bu hadisin arkasında şöyle bir hâdise var: Bir gün bir cenaze getirildi. Namazı kılınacaktı. Allah Resûlü sordu: "Bunun borcu var mı?" Orada bulunanlar: "Evet, yâ Resûlallah, çok borcu var!" dediler. Bunun üzerine Allah Resûlü: "Siz arkadaşınızın namazını kılın, ben borçlunun namazını kılamam." buyurdular. Ancak bu durum kendisine de çok ağır gelmişti. Daha sonra Allah Resûlü bir kısım imkânlara ulaşınca, ölen mü'minler hakkında: "Onun mevlâsı benim, alacaklılar bana gelsin." derdi.

Dünya ve ahirette Allah Resûlü, mü'minlere kendilerinden daha yakın olma keyfiyetiyle bir rahmettir. O'nun bu rahmet yönü ebedlere kadar da devam edecektir. O, münafıklar için de bir rahmettir. Münafıklar, bu engin rahmet sayesinde dünyada azap görmediler. Camiye geldiler, Müslümanların içinde dolaştılar ve Müslümanların istifade ettiği bütün haklardan istifade ettiler. Allah Resûlü onlar hakkında perdeyi yırtmadı. Onların çoğunun iç yüzünü biliyordu.

Hatta bunları Hz. Huzeyfe 'ye (radıyallâhu anh) söylemişti de. Rivayete nazaran, bundan dolayı da Hz. Ömer, Huzeyfe'yi takip eder, onun kılmadığı cenaze namazını o da kılmazdı.

Bununla beraber İslâm onları fâş etmedi. Onlar hep mü'minler arasında bulundular ve mutlak küfürleri en azından şüpheye, tereddüde dönüştü. Böylece, dünya zevkleri de bütün bütün acılaşmadı. Zira yok olup gideceğine inanan bir insanın dünyadan lezzet alması mümkün değildir. Ama, "Belki ahiret vardır." diyecek kadar, küfürleri şüpheye bürününce, ihtimal, hayat o zaman bütün bütün acılaşmaz. İşte bu yönüyle Allah Reselü, münafıklara da bir ölçüde rahmet olmuştur.

Kâfir de Allah Resûlü'nün rahmetinden istifade etmiştir. Zira Cenâb-ı Hak daha önceki millet ve kavimleri küfür ve isyanları sebebiyle toptan helâk etmiş olmasına karşılık, Allah Resûlü'nün bi'setinden sonra toptan helâk etmeyi kaldırdı, dolayısıyla da insanlar, böyle bir azap çeşidinden kurtulmuş oldular. Bu da kâfirler için dünya adına büyük bir rahmettir.

Bu mevzuda Cenâb-ı Hak, Habibine hitaben mealen şöyle buyurmaktadır: "Sen onların içlerinde bulunduğun hâlde, Allah onlara azap edecek değildir. Ve onlar mağfiret dilerken de Allah onlara azap edecek değildir."(Enfâl sûresi, 8/33) Evet, Efendimiz'in hürmetine Cenâb-ı Hak toptan helâk etmeyi kaldırmıştır. Hz. Mesih : "Eğer azap edersen, onlar Senin kulların." derken, Efendimiz'in Allah indindeki kadrine, kıymetine bakın ki, Cenâb-ı Hak O'na: "Sen onlar arasında bulunduğun sürece Allah onlara azap edecek değildir.(Mâide sûresi, 5/118)buyurmaktadır. Yani, Sen onların sinesinde yaşadığın sürece Allah onlara azap etmeyecektir. Sen yeryüzünde anıldığın ve dillerde yâd edildiğin sürece.. yani insanlar Senin yoluna baş koyduğu müddetçe Allah onların altını üstüne getirmeyecektir. Kâfirin Allah Resûlü'nün rahmetinden istifade yönlerinden biri de Allah Resûlü'nün: "Ben rahmet olarak gönderildim, lânet isteyici olarak değil." buyurmasıdır. Ben herkes için Allah'tan bir rahmet olarak geldim. İnsanların başına belâ ve musibet yağdırılsın diye beddua edip lânet isteyen bir insan olarak gönderilmedim. Onun içindir ki Allah Resûlü, en büyük İslâm düşmanlarının dahi hep hidayetini istemiş ve onun için çırpınıp durmuştur.

Allah Resûlü'nün getirdiği nurdan, Cibril dahi istifade etmiştir. Bir gün Efendimiz, Cibril'e sorar: "Senin için de Kur'ân bir rahmet midir?" Cibril cevap verir: "Evet yâ Resûlallah! Çünkü ben de akıbetimden emin değildim. Ne zaman ki; "Göklerde ona itaat edilir, vahiyler ona emanet edilir." âyeti nazil oldu, ben de emniyete erdim."

Ve yine bir başka hadislerinde Allah Resûlü şöyle buyurur:

"Ben Muhammed'im, Ben Ahmed 'im, Ben Mukaffî –son peygamberim– Ben Hâşir'im. (Benden sonra haşir gelecek, araya başka bir peygamber girmeyecektir. Allah insanları benim önümde haşredecektir.) Ben tevbe ve rahmet peygamberiyim."

Tevbe kapısı kıyamete kadar açıktır. Zira Allah Resûlü bir tevbe peygamberidir ve hükmü de kıyamete kadar sürecektir. O, yerinde ağlayan bir çocuk görse oturur, onunla ağlar. İnleyen ananın ızdırabını vicdanında duyar. İşte Hz. Enes'in rivayet ettiği bir hadis ve O'nun dillere destan şefkati:

"Ben namaza duruyor ve onu uzun kılmak istiyorum. Sonra bir çocuk ağlaması duyuyorum. Annesinin ona duyacağı heyecanı bildiğim için hemen namazı hızlı kılıp bitiriyorum."

Allah Resûlü, namazlarını oldukça uzun kılardı. Bilhassa nafile namazları, sahabinin bile tâkatini aşacak mahiyette idi. İşte O, böyle bir namaz kılma niyetiyle namaza duruyor, sonra da namaz esnasında bir çocuk ağlaması duyunca, hemen namazı hızlandırıyordu. Çünkü o günlerde kadınlar da Allah Resûlü'nün arkasında namaz kılmak için cemaate iştirak ediyorlardı. Efendimiz, ağlayan çocuğun annesi mescitte olabilir mülâhazasıyla namazı hızlandırıyor ve böylece kadını rahatlatıyordu.

İşte O, hemen her meselede böyle bir şefkat âbidesi ydi. Bir çocuğun ağlaması O'nu dilgîr eder ve ağlatırdı. Ne var ki O, bu engin şefkatine rağmen dengeliydi. Meselâ, O'nun bu baş döndüren şefkati, hiçbir zaman dinî hadleri tatbik ine mâni olamamış ve cezanın şekli ne olursa olsun onu mutlaka tatbik etmişti...

Mukarrin'in evlâtlarından biri hizmetçisini dövmüştü. Hizmetçi kadın, ağlayarak Allah Resûlü'nün yanına geldi. Efendimiz, bu hizmetçinin sahiplerini çağırdı: "Onu haksız yere dövdünüz, azat edin." dedi. Ashab: "Yâ Resûlallah, başka hizmetçileri yok." dediler. Bunun üzerine: "Onlara hizmet etmeye devam etsin. Ancak ona ihtiyaçları kalmadığında salıversinler gitsin!" buyurdu. Evet, bu haksız tokatın karşılığı ahirete kalacak olursa, oranın tokatları çok daha şiddetli olacaktır. Binaenaleyh; tokatın bedeli hürriyet olmalı ki, ötedeki Cehennem azabının diyeti olsun...

Kâinatın Efendisi'ni Sevmenin Göstergeleri Nelerdir?

1. O'nu görmeyi, O'nun sohbetinde bulunmayı çokça arzu etmek. Bunlardan mahrum bulunmayı, dünya hayatında bunlar dışında her ne olursa olsun herhangi bir şeyi kaybetmekten daha ağır bir musibet görmek. Hz. Ebû Bekir, Allah Resûlü ile hicrette arkadaşlık yapacağını öğrenince sevincinden ağlamıştı. Bir sahabi, Efendimiz'e Cennet'e girecek dahi olsa Efendimiz'i görememekten korktuğunu söylemişti.

Râbia b. Ka'b, Efendimiz'in kendisine "İste" deyip bu sualini tekrar etmesine rağmen başka şeyi değil sadece Cennet'te kendisine arkadaş olmayı istediğini dile getirmişti.

2. İki Cihan Serveri'nin (sallallâhu aleyhi ve sellem) uğrunda, O'nun getirdiği hakikatler yolunda canı ve malı feda etmek için tam hazırlıklı olmak. Uhud savaşında Ensar'dan on bir sahabi, Efendimiz'i korumuş, Talha b. Ubeydullah da Efendimiz'i siper ederken eli çolak kalmış, yetmişten fazla, ok mızrak ve kılıç yarası almıştı. Yine Uhud'da Ebû Talha göğsünü Efendimiz'in göğsüne siper etmişti. Ebû Dücane de kendisini Efendimiz'in

önünde kalkan yapmıştı. Yine Uhud'da Ensar'dan bir sahabi Efendimiz uğruna kendini feda etmiş, yanağı Efendimiz'in ayağının üzerindeyken şehit olmuştu.

3. Efendimiz'in emirlerine uymak, sakındırdığı hususlardan da çekinmek. Ashab-ı Kiram, evcil eşeklerin etlerinin haram kıldığını bildiren emri işitir işitmez kazanlarda kaynayan etleri dökmüşlerdir. Aynı şekilde içki yasağını bildiren emir geldiğinde de evlerindeki içkilerin tamamını dökmüşlerdir.

4. Efendimiz'in söz, fiil ve takrirlerinden oluşan hadis ve sünnetine yardımcı olmak, hayatı boyunca dile getirdiği yüce hakikatleri koruyup kollamak, desteklemek. Uhud'da Müslüman saflarında açılan bir gedikte Efendimiz'in vefatı haberi yayılınca Hz. Enes b. Nadr, "O'ndan sonra hayatı neyleyeceksiniz" diyerek canını feda etmiştir.

Bu esaslardan başka, Efendimiz'e (sallallâhu aleyhi ve sellem) olan muhabbetin alametleri olarak şu hususları da saymak mümkündür:

- İyiliği emredip insanları kötülükten sakındırmak.
- Eğer mümkün olsaydı, O hayattayken huzurunda bulunmayı ve uğrunda her şeyini feda etmeyi arzulamak.
- İki Cihan Serveri'nin (sallallâhu aleyhi ve sellem) sünnet-i seniyyesine uymak; hayatımızı O'nun hayat tarzına uydurmak.

• Allah Resûlü'nün (sallallâhu aleyhi ve sellem) sözlerini kabul edip, hükümlerine razı olmak.

• Peygamber Eendimiz'e (sallallâhu aleyhi ve sellem) dâima salat ve selamda bulunmak.

Kişi Sevdiğiyle Beraberdir

Bir adam, Peygamber Efendimize (sallallâhu aleyhi ve sellem) gelerek:

– Ya Resûlûllah, kıyamet ne zaman kopacak, diye sordu.

Allah Resûlü de:

– O gün için ne hazırladın, dedi. Adam:

– Benim Allah ve Resûlü'nün sevgisinden başka hiçbir sermayem yoktur, deyince Efendimiz:

– Öyleyse, sevdiklerinle beraber olacaksın, buyurdu.

Sahabe, Resûlûllahın "Sen sevdiklerinle beraber olacaksın." sözüyle sevindiği kadar hiçbir şeyle sevinmemişti. Peygamberimiz'in bu sözü üzerine o sırada orada bulunan Hazreti Enes de:

– Ben de Resûlûllahla, Ebubekir ve Ömer'i severim. Onları sevdiğim için, ahirette kendileriyle birlikte olacağımı ümit ediyorum, dedi.

8. BÖLÜM

1. KONU

SAHABE HAYATI

Sahabenin Peygamber Sevgisi

Kur'ân-ı Kerim'de sahabenin fazileti anlatılırken onların Allah'tan razı oldukları, Allah'ın da onlardan razı olduğu ifade edilir. Efendimiz, "İnsanların en hayırlısı benim çağdaşlarımdır. Sonra benimle yaşayanlara yakın olanlardır..." buyurmuştur.

Sahabe-i Kiram efendilerimiz fazilette zirvede bulunmaktadırlar. Allah Resûlü'ne o kadar yakın olan, O'nun zamanında yaşayan sahabileri fazilet açısından geçmek neredeyse imkansızdır. İşte bundan dolayı sahabe efendilerimiz Peygamberimiz'i de herkesten daha fazla seviyorlar ve gereken değeri gösteriyorlardı.

Sahabenin peygamber sevgisi çok ileriydi. Gün ve gecelerin kıymeti bile Allah Resûlü'ne yakınlıklarına göre tespit edilmiştir. Mesela Hz. Ebû Bekir, Resûlullah (sallallâhu aleyhi ve sellem) pazartesi günü vefat etti diye pazartesi günü ölmeyi arzulamıştır. Hz. Ebû Bekir, hastalığı iyice ağırlaştığında bir ara kendine gelmiş ve etrafındakilere, "Bu gün hangi gündür?" diye sormuştur. Orada bulunanlar, pazartesi, olduğunu söyleyince, sevinçle, "Eğer bu gece ölürsem, beni yarına bekletmeyin. Benim en sevdiğim gün ve gece Allah Resûlü'ne en yakın olacağım gün ve gecedir" buyurarak, vefat tarihinde bile Sevgilisi'ne yakın olmayı arzu etmiştir.

Ashab-ı Kiram, vefat ettiklerinde Allah Resûlü'ne yakın olmayı, O'nun yaşında vefat etmeyi, O'nun beldesinde ölmeyi arzu etmişlerdir. Mesela Hz. Ömer (radıyallâhu anh) "Allah'ım benim ölümümü Muhammed'in beldesinde nasip et" diye dua etmiştir. Hazreti Ömer (radıyallâhu anh), saldırıya uğrayıp yaralandığında ölmek üzere olduğunu anlayıp oğlu Abdullah'ı Hazreti Peygamber'in yanına defnedilmek için izin istemek üzere Hz. Aişe validemize göndermiştir. Hz. Aişe validemiz, "Ben onu kendim için istiyordum. Fakat bugün onu kendime tercih edeceğim" diyerek izin verir. Abdullah gelip, durumu Hz. Ömer'e haber verince, Hz. Ömer, "Allah'a hamd olsun. Benim için bundan daha önemli bir şey yoktu" diyerek sevincini izhar eder. Daha sonra oğluna dönüp, "Ben vefat edince, beni alıp oraya götürün. Sonra Aişe'ye selâmımı ilet ve (yeniden) "Ömer b. el-Hattâb izin istiyor" de, şayet izin verirse beni oraya defnedin. Eğer kabul etmezse, beni Müslümanların kabristanına geri götürün" diyerek, ayrı bir incelik daha sergiler.

Ashab-ı Kiram, Peygamber sevgisinde âdeta yarışırlardı. Her sahabe O'na en yakın kendini hissederdi. O'nu en çok kendisinin sevdiğine inanırdı. Bu sebeple bazen aralarında tatlı rekabetler olmuştur. Bir Peygamber âşığının "Sevgilim, bana böyle buyurdu, şöyle söyledi" demesi üzerine bir diğeri itiraz edip "O nereden senin sevgilin oluyormuş" diyerek, O'na sevgilim deme ayrıcalığını başkalarına kaptırmak istememiştir. Kadın sahabeler, bu gibi konularda daha da hassastılar.

Mesela Habeşistan'a hicret eden hanım sahabelerden Esmâ binti Umeys, Habeşistan'dan Medine'ye gelince Hazreti Ömer, kendisine Mekke'den Medine'ye hicret edenlerin daha önce geldiklerini kastederek, "Hicrette biz sizi geçtik" demiştir. Bunun üzerine çok üzülen Esmâ, gidip durumu Peygamber Efendimiz'e anlatır. Peygamber-i Zîşân, "Ömer ve arkadaşlarının bir hicreti, ey gemi yolcuları sizin ise, iki hicretiniz vardır" buyurunca Esmâ sevinçle evine döner. Bu hadiseden sonra Habeşistan'a hicret eden sahabiler grup grup gelerek Esmâ'yı ziyaret ederler ve Resûl-i Ekrem'in kendileri hakkındaki müjdesini ondan tekrar tekrar dinlerlerdi.

Sahâbe-i kiram fırsat bulduklarında Allah Resûlü'nün ellerini öpmüş, O'na duydukları sevgiyi böyle göstermek istemişlerdir. Allah Resûlü vefat ettikten sonra O'nu göremeyenler, Fahr-i Kâinat'a duydukları hasreti, O'nun eline eli değenlerin ellerini öperek gidermeye çalışmışlardır. Mesela Peygamber-i Zîşân'ın hizmetçisi Enes b. Mâlik'e gelip "Elini Allah Resûlü'nün eline değdirdin mi?" diye soruyorlar. O, "Evet" deyince kalkıp Allah Resûlü'ne değen elini öpüyorlardı. Tabiînden Yahyâ b. Hâris, Vâsile b.

Eska' adlı sahabîye "Sen şu elinle Allah Resûlü'ne bey'at ettin mi." diye sormuş, o "Evet" deyince de "Elini uzat da bir öpeyim?" diye rica etmiştir.

Resûlullah (sallallâhu aleyhi ve sellem) ashabtan birisinin evine bir münasebetle gider, kapıyı çalar, selam verir. İçeriden cevap gelmez. Efendimiz, selamı tekrarlar, ama selama cevap gelmez. Tekrar selam verir yine aynı şekilde selamın alınıp alınmadığı, dışarıdan duyulmaz. Bu şekilde üç kez selamını tekrarlayan Allah Resûlü'ne cevap ancak üçüncüde gelir, hane halkı, "Ve aleykesselâm ve rahmetullahi ve berakâtühü ya Resûlallah" diyerek, selamına karşılık verirler. Peygamber Efendimiz, "Niçin birinci ve ikinci selamlarıma cevap vermediniz?" diyerek, içeride oldukları hâlde selamına karşılık vermeyişlerinin sebebini sorunca, hane halkı "Ya Resûlallah!

Biz senin selamını her defasında alıp kısık sesle cevap verdik.

Ancak senin selamınla hanemiz bereketlensin diye, selamlarının devamı için sesimizi sana duyurmadık" derler. Cenâb-ı Hak, evlerimizin üzerinden O'nun selamını eksik etmesin. Amin.

Son Ezan

Peygamber Efendimiz'i (sallallâhu aleyhi ve sellem) en fazla özleyen sahabilerden birisi de Bilal-i Habeşî idi. Allah Resûlü'nün vefatından sonra bir daha hiç ezan okuyamadı. Medine'nin bütün sokakları ve Allah Resûlü'nün bıraktığı hatıralar, kendisine sürekli O'nu hatırlattığı için Medine'de duramayan Hazreti Bilal, cihad eden askerlerin arasına katılmak maksadıyla sınırdaki Suriye bölgesine gitti ve orada yaşamaya başladı.

Hazreti Ömer döneminde Peygamber-i Zişan'ın hasretine daha fazla dayanamayarak eski hatıralarını dünya gözüyle son bir kez görüp yâd etmek için Medine'ye geldi. Medine'ye gelince hemen Allah Resûlü'nün kabr-i şeriflerine gitti, kabrin başında bayılıp kendinden geçti. Hazreti Bilal'in Medine'ye gelmesi, insanları bir an eski günlere götürmüştü. Herkes Bilal'in yeniden ezan okumasını, Allah Resûlü'nün kutlu zamanını hiç olmazsa ezan ile yeniden bir defa daha hatırlamayı arzu ediyordu. Hazreti Hasan ve Hüseyin'i aracı yapıp Bilal'den rica ettiler.

Ertesi sabah Bilal-i Habeşî, son ezanını Mescidi Nebevî'de okudu. Yanık ve hasret dolu sesiyle "Allahü Ekber! Allahü Ekber!" dediği zaman, bütün Medine halkı ayağa kalktı. "Eşhedü en lâ ilâhe illallah! Eşhedü enne Muhammeder-resûlûllah" deyince kadın erkek, genç ihtiyar, çoluk çocuk, hatta yataklarındaki hastalar bile, sokaklara döküldüler. Mescid-i Nebevî'ye koştular. Halk o kadar coştu ki Peygamber Efendimiz yaşıyor sandılar. Bilal-i Habeşi Hazretleri, bu son ezanından sonra yine Medine'de kalamadı ve yeniden Şam'a döndü. Vefatından önce:

– Yarın ben dostlara, Muhammed (sallallâhu aleyhi ve sellem) ve ashabına kavuşacağım, diyerek ruhunu Rahman'a teslim eyledi.

9. BÖLÜM

1. KONU

GÜNAHA GİRMEME

Bir Hikâye / Genç Adam Niçin Parmağını Ateşe Tutuyordu

Harikzâdeler Sokağı... Şehzade Camii'nden Lâleli Camii'ne doğru inerken karşılaştığım sokaklardan birinin adı bu. Harikzâdeler. Yani, yangından kurtulanlar... İstanbul'un ahşap binalarının kim bilir kaçıncı yangınını teşkil ediyordu buradaki son yangın. Kışın soğuğunun bile ateş gibi yaktığı bir geceydi. Sonraları ismini sokağa verecek olan müthiş yangın da işte böyle bir gecenin yarısından sonra iki katlı ahşap bir evde başlamıştı. Kısa zamanda etrafı saran ateşlerin içinden canını kurtaran kurtaranaydı. Alevlerin aydınlığında sokağa fırlayan genç kızcağız da bunlardan biriydi. Ne yapıp nereye gideceğini şaşırınca Şehzade Camii'nin medreselerinden birinin camlarından görünen bir ışık ümit vermişti. Dişlerini şakırdatan bu soğuğa daha fazla dayanamazdı. Bugün kız talebe yurdu yapılan medresenin kapısını itip içeri girdi. Gaz lâmbasının ceviz rahle üzerine serptiği ışıkta Kur'ân tefsiri mütalâa eden dalgın talebe başını kaldırınca bir mânâ veremedi:

– Kimsin sen, in mi cin mi? Gecenin bu saatinde ne işin var burada?

– Ben in, cin değilim. Din kardeşlerinden biriyim. Mahallemizde çıkan yangın bizi de alevler içine aldı, canımı zor kurtarıp, buraya sığındım.

– Olmaz! Ben şu anda tefsir mütalâa eden bir talebeyim. Şaibeli hareketlerden uzak kalmam lâzım. Seni buralarda görürlerse dedikodunun önünü alamayız. Burasını hemen terk etmelisin.

– Gecenin bu saatinde nereye çıksam donarım!

Tefsir talebesi mırıldanarak düşünmeye başlar...

– Hayırdır inşallah. Herhalde bir imtihana tabi tutuluyoruz?

Bir iki dakikalık sükût...

– Öyleyse şu duvarın dibindeki kilime sarın ve köşede istirahatına bak.

Gözlerini tekrar kitabına dikip, Beyzâvî tefsirini mütalâaya devam eden talebe, dakikalar ilerledikçe şeytanı ile mücadeleye başlar.

Bir ara: "Hayır!" diye haykırarak parmağını lâmbanın isli alevine tutar, derisi büzülünceye kadar ateşten çekmemekte de ısrar eder. Mücadele sabaha kadar devam eder, birkaç defa ateşe tutulan parmak iyice yanar ve ucunda bir yara bile meydana gelir. Şafak sökmek üzeredir. Sonraları Kuzat mezunu olup hâkim çıkacak olan talebe sabah ezanıyla birlikte medreseyi terk edip namaza gider. Dönüşte odasında kimsenin kalmadığını görünce rahat bir nefes alır.

Ortalık aydınlanınca yangın yerine koşan kızcağız, babası ile anasının feryatlar içerisinde kendisini aradıklarını görünce bağırır:

– Babacığım, anneciğim, benim için asla üzülmeyin.

– Kızım nerede kaldın bütün gece?

– İşte şurada, medresenin odasında, bir talebenin yanında.

Ve kızcağız olanları anlatır.

Bu defa Osmanlı paşası baba, kızını yanına alarak Şehzade Camii'nde tefsir dersi veren hoca efendinin huzuruna çıkar ve talebelerini toplamasını rica eder. Hoca üzgün, mollalar hayrette. Bir talebenin kızcağıza iffete aykırı bir davranışta bulunduğu endişesi içindeler... Toplanan mollaları bir bir gözden geçiren kızcağız birini işaret eder:

– İşte babacığım, parmağının ucu sarılı olan talebe!

Tefsir hocası hayretler içerisinde sorar:

– Selâhaddin, senden asla ümit etmezdim, nasıl oldu da böyle bir şikâyete sebebiyet verdin?

Selâhaddin başını önüne eğer ve hocasından utancından tek kelime bile söylemeye muktedir olamazken kızın babası müdahale eder:

– Muhterem hocam, değerli talebenizi hırpalamayın. Biz onu şikâyet için değil, takdir ve tebrik için aramaktayız. Siz, parmağını niçin sardığını bir sorun ona!

Ve mahcup talebe ısrara dayanamaz anlatır:

– Şeytan bana vesvese verdikçe ben de parmağımı lâmbanın ateşine tutuyor, 'Buna tahammül etmeyi göze alıyor musun?' diye soruyordum. İşte bu sırada parmağım yandı, sarmak zorunda kaldım!

Bir Osmanlı paşası olan baba kararını açıklar:

– Hocam, bu öğrencinin mezun oluncaya kadar bütün masraflarını üstlenmekle kalmıyor, ayrıca kızımı verip onu damat edinme şerefine de talip bulunuyorum!

2. KONU

HARAMA KARŞI DUYARLI OLMA

Müstehcen Film ve Görüntülere Bakmak Haram mı?

Genellikle ahlâki bozulmalar müstehcene bakışla başlar, bakışın ısrarıyla gelişir, sonra fiilî günaha dönüşür. Üstelik gözler baktıklarının resimlerini de çeker, hayal arşivinde depo eder. Nereye gitse, nerede olsa artık çektiği bu resimler, hayal âleminde gözlerinin önündedir. Öğrenciyse dersine çalışamaz, işçiyse mesleğine tam yönelemez, fikir adamıysa zihnini toparlayamaz; derken her konuda gerileme ve düşüş söz konusu olabilir. Bu duruma düşmemek için din, müstehcene karşı yasaklar koyar, mensuplarını böylesine gerilemelere düşmekten kurtarır.

Cinsel tahrik amacı olsun veya olmasın İslâm'a göre çıplaklığın sınırları içine girecek resim ve film çektirmek ve çekmek haramdır. Bu resim ve filmlere bakmak ve bunları pazarlamak da haramdır. Haramdır, çünkü doğrudan çıplaklıkla resim ve film aracılığıyla çıplaklık temelde aynı gayrimeşru amaca yöneliktir. Fark yalnızca tesir bakımındandır. Bizzat çıplaklık, bilvasıta çıplaklıktan şüphesiz daha tesirlidir. Ancak bilvasıta çıplaklıkta da yaygınlık ve süreklilik vardır. Çıplak resimleri sadece kadın resmi diye sınırlamamak lazımdır. Çıplak resimler kadının olursa günah, erkeğin olursa sakıncasız, diye bir şey yoktur. Avret sayılan yerlerin açılması ve bakılması, kimden olursa olsun haramdır ve günahtır. Ancak haramlık ve günahlık en mahrem noktalara yaklaştıkça artar ve ağırlaşır. Böyle olan resimlere bakmaya gelince, bunun, canlısına bakmak kadar ağır günah olmadığı da açıktır. Ancak bunu, diğerinin hafif olduğunu anlatmak için değil, aralarında fark olduğunu anlatmak için söylüyoruz.

Hayır, durum hiç de öyle değil! Günah işleyip de günahın kendisini her taraftan kuşattığı kapladığı kimseler var ya, işte onlar cehennemliktir. Hem de orada ebedî kalacaklardır. Sana şarap ve kumar hakkındaki hükmü sorarlar. De ki: İkisinde de hem büyük günah, hem de insanlara bazı menfaatler vardır. Fakat günahları faydalarından daha çoktur. Bir de senden hayır olarak ne harcayacaklarını sorarlar. De ki: İhtiyacınızdan artanı harcayın. Böylece Allah size âyetlerini açıklıyor ki dünya ve âhiret hakkında düşünesiniz. (Bakara, 81, 219)

* * *

Eğer yasaklanan günahların büyüklerinden kaçınırsanız, sizin öbür küçük günahlarınızı örtüp affederiz ve sizi değerli bir mevkiye yerleştiririz. Bak nasıl da Allah adına yalan uydurup O'na iftira ediyorlar! Bu da, onlara belli bir günah olarak fazlasıyla yeter! Ve kendi öz canlarına hıyanet edenleri savunma. Çünkü Allah, hainlikte ve günahkârlıkta çok aşırı olanları asla sevmez. Kim günah kazanırsa, onu sırf kendi aleyhine kazanır. Allah her işi hakkıyla bilir, tam hüküm ve hikmet sahibidir. Kim bir hata (küçük günah) veya büyük günah işler, sonra onu masum olan birinin üstüne atarsa, bir iftira ve pek kesin bir vebal yüklenmiş olur. (Nisa, 31-50-107-111-112)

* * *

Onlardan birçoğunun günaha, başkasının hakkına tecavüz etmeye, haram yemeye yarışırcasına koştuklarını görürsün. Yaptıkları şey ne kadar kötü! (Maide, 62)

* * *

Allah'a kavuşmayı yalan sayanlar, gerçekten en büyük hüsrana uğramışlardır. Nihayet kıyamet saati kendilerini bastırıverince onlar, günah yüklerini sırtlarına yüklenerek: "Eyvah! Dünyada işlediğimiz kusurlarımızdan dolayı yazıklar olsun bize!" diyecekler. Dikkat edin: Ne fena yükler götürüyorlar! Günahın açığını da bırakın, gizlisini de: Çünkü günah işleyenler elbette yaptıklarının cezasını çekeceklerdir. (Enam, 31 - 120)

* * *

Kim doğru yolu seçerse, kendisi için seçmiş olur; kim de doğru yoldan saparsa, kendi aleyhinde sapmış olur. Hiçbir kimse başkasının günah yükünü taşımaz. Biz peygamber göndermediğimiz hiçbir halkı cezalandırmayız. (İsra, 15)

* * *

Ancak şu var ki dönüş yapıp iman edenler güzel ve makbul işler işleyenler bundan müstesnadır. Allah onların kötülüklerini iyiliklere, günahlarını sevaplara çevirir. Çünkü Allah gafurdur, rahîmdir (çok affedicidir, merhamet ve ihsanı boldur). (Furkan, 70)

* * *

Onlardan her birini kendi suçu sebebiyle cezaya çarptırdık: Kiminin üzerine taş yağdıran bir kasırga gönderdik, kimini korkunç bir gürültü bastırıverdi, kimini yerin dibine geçirdik, kimini de suda boğduk. Allah onlara zulmetmedi, onlar asıl kendi kendilerine zulmettiler. (Ankebut, 40)

* * *

Bugün mühür vuracağız ağızlarına, elleri Bize söyler, ayakları şahitlik eder, kendi yaptıklarına. (Yasin, 65)

* * *

O, aynı zamanda günahları bağışlar, tövbeleri kabul buyurur, ama cezalandırması da çetin olup, lütuf ve ihsanı pek geniştir. Ondan başka tanrı yoktur. Dönüş yalnız O'na olacaktır. (Mümin, 3)

* * *

Ey iman edenler! Zandan çok sakının. Çünkü zanların bir kısmı günahtır. Birbirinizin gizli hallerini araştırmayın. Kiminiz kiminizi gıybet etmesin. Hiç sizden biriniz ölmüş kardeşinin cesedini dişlemekten hoşlanır mı? İşte bundan hemen tiksindiniz! Öyleyse Allah'ın azabından korkun da bu çirkin işten kendinizi koruyun. Allah tevvabdır, rahîmdir (tövbeleri kabul eder, merhamet ve ihsanı boldur). (Hucurat, 12)

İLAVE KONULAR

1. KONU

ADABI MUAŞERET

Yemeği Sağ Elle Yemek

Efendimiz yemeği sağ eliyle yer ve ashabına da bunu tavsiye ederdi. Allah Resûlü sofra edebini bilmeyen insanlara çok basit ifadelerle ama onları rencide etmeden bu kuralları öğretmeye çalışmıştır. Hatta küçücük çocuklara bile hiç kızmadan tavsiyelerde bulunmuştur. Kocası vefat eden Ümmü Seleme validemizin, Efendimiz'le (sallallâhu aleyhi ve sellem) evlenirken 4 çocuğu vardı. Bunlardan Ömer ibni Ebû Seleme (radıyallahu anh), Allah Resûlü (sallallâhu aleyhi ve sellem) ile başından geçen bir yemek hatırasını şöyle anlatmaktadır:

Ben Resûlullah'ın himayesinde yetişen bir çocuktum. Yemek yerken, elim yemek tabağının her yanına giderdi. Bunun üzerine Resûlullah bana şöyle buyurdu: – Oğlum, Besmele çek! Sağ elinle ye! Hep önünden ye!

Görülüyor ki Allah Resûlü küçücük çocuklara dahi şefkatle yaklaşıyor, kızmayı değil, nasihat etmeyi daha uygun görüyor.

Sol Elle Yemek Yememek

Allah Resûlü sol elle yemek yemez ve yenmesini de istemezdi. Bu sebeple yanında sol elle yemek yiyenler olursa onları da ikaz ederdi. Seleme İbni Ekva'dan (radıyallahu anh) rivayet edildiğine göre adamın biri Resûlullah'ın yanında sol eliyle yemek yemişti. Peygamber

Efendimiz ona:

– Sağ elinle ye, buyurdu. Adam:

– Yapamıyorum, diye cevap verince Allah Resûlü o adama:

– Yapamaz ol, dedi.

Seleme'nin (radıyallahu anh) dediğine göre adam kibrinden dolayı böyle söylemişti. Allah Resûlü'nün sözü üzerine adam, elini ağzına götüremez oldu.

Efendimiz devamlı hayrı talim eden, insanların hayra yönelmesi için çalışan ve hayatını bu uğurda yaptığı fedakârlıklarla geçiren bir Peygamberdir. En azılı İslâm düşmanlarına bile beddua etmeyen ancak başka çare kalmadığında istemeye istemeye beddua eden (ki bunların sayısı birkaç kişiyi geçmez) bir rahmet peygamberidir. Allah Resûlü'nün bu hâdisede o kişiye beddua etmesinin sebebi o kimsenin kibirli davranması, itaat etmeyip inadına bir tavır sergilemesi sebebiyledir. Bu şahıs aslında sağ eliyle yemek yiyebildiği hâlde sol elle yemekte ısrar etmiştir. Sağ elin olmaması veya felçli olup tutmaması neticesinde zaten sol el kullanılacaktır ve o zaman illa da sağ elin kullanılma zorunluluğu yoktur. Bu zat hasta olmadığı hâlde böyle yapmaktadır.

Bir Müslüman'ın Peygamberine karşı takındığı bu tavır çok çirkindir. Bizler kendimizden büyüklerin sözlerini hep edeple baş-göz üstüne diyerek yerine getiririz. Hatta bizlere tavsiye olarak söylenen sözleri dahi (sözün sahibi çok sevip saydığımız bir insan ise) emir gibi kabul eder ve yerine getiririz. İnsan bazı durumlarda yaşça kendinden küçük insanların bile sözlerini dinlemektedir. Çünkü akıl yaşta değil baştadır.

Hal böyle iken bir insanın bırakın sıradan bir insanı, Peygamberini dinlememesi, hatta yapabildiği hâlde yapamıyorum diye inadına sol elle yemek yemesi çok çirkin bir davranıştır. Hele bu hareketin toplu hâlde bulunulan bir mecliste yapılması olayı daha da çirkinleştirmiştir. Orada kendisine ceza verilmemiştir. Ama Efendimiz (sallallâhu aleyhi ve sellem) bu tavra karşılık: "Yapamaz ol!" sözüyle bu olayı tasvip etmediğini göstermiştir. Efendimiz bu davranış karşısında mutlaka bir şey yapmalıydı. Ve en hafif bir şekilde "sözle" uyardı. Sağ elle yemek yeme insanın fıtratına en uygun olanıdır. Sol elle yemek yeme yasaklandığına göre demek ki sol ile yemek fıtratın aksinedir. Sol ile yememek gerekir. Ama doğuştan sol elini kullanan insanlar vardır. Bu yasak solak insanlar için geçerli olmayabilir. Ama bir insan doğuştan da solak olsa devamlı sağ elini kullanarak, eğitim yaparak sağ elini aktif olarak kullanmayı başarabilir. Nitekim solak olan insanlar sadece sol ellerini kullanıyor değildir. Zaman zaman sağ ellerini de kullanmaktadırlar.

Hadis âlimleri, sağ eli sağlam olduğu hâlde sol eliyle yemek yemeyi "tenzihen mekruh" olarak kabul etmişlerdir. Bir de sadece dinî değerlere inat ve hakaret olsun diye veya sadece başkalarına özenip Müslümanlara muhalefet olsun diye sol eli ile yiyenler bu muhalefetlerinden ötürü günaha girerler. Burada Üstad Necip Fazıl'ın şu dizelerini hatırlayalım:

Aklımı ve fikrimi hep sağ elime verdim,

Görevi olmasaydı sol elimi keserdim.

Temiz Olmak Önemli Bir Ahlâktır

İslam dini, temizlik prensiplerini esas almıştır. Bütün dinlere ya da sistemlere bakılsa temizlik prensiplerini İslâm dini gibi ortaya koyan olmamıştır. Öncesinde ve devamında her zaman temizlik, ibadetlerin kabulü açısından önemlidir. Beden temizliğinden ibadet edilen mekânın temizliğine kadar, ağız temizliğinden elbise temizliğine kadar temizlik şartları istenmiştir. Kur'ân-ı Kerim'de temizlik şöyle övülmüştür: "Ta ilk günden, temeli takvâ üzere kurulan mescitte namaza durman daha münasiptir. Orada, maddî ve manevî kirlerden arınmayı seven kimseler vardır. Allah da temizlenenleri sever."(Tevbe Sûresi, 9/108)

Hadis-i şerifte de Allah Resûlü (sallallâhu aleyhi ve sellem) şöyle buyurur: "Temizlik imanın yarısıdır." Bir gün Resûl-i Ekrem Efendimiz (sallallâhu aleyhi ve sellem) sahabe-i kiramdan birinin, elbisesinin kirini fark etmeden giymiş olduğunu gördü. Onu bu hâliyle görünce: " Arkadaşınız elbisesini yıkamaktan aciz midir?" buyurdu.

Bu ikaz bize gösteriyor ki Allah Resûlü (sallallâhu aleyhi ve sellem) elbisenin temizliğine çok önem veriyordu. Bir başka hadise de şöyledir: "Elbisesi çok uygun olmayan birisi Mescid-i Nebi'ye gelmişti. Peygamber Efendimiz onu bu hâliyle görünce kendisine,

– Başka bir elbisen yok muydu, buyurdular. O sahabi de,

– Var ey Allah'ın Resûlü, dedi.

Ardından Efendimiz:

– Allah'ın sana lütfettiği, ihsan ettiği imkânları yerli yerinde kullan. Allah sana ihsan ettiği şeyi üzerinde görmek ister, buyurdu.

* * *

Saçı sakalı karışık birisi gelmişti. Efendimiz (sallallâhu aleyhi ve sellem), ona (eliyle) işaret buyurarak sanki saçını düzeltmesini emretmişti. Adam bunu yapıp sonra tekrar geri geldi. Peygamber Efendimiz (sallallâhu aleyhi ve sellem),

– Şu hâl, sizden birinizin tıpkı bir şeytan gibi başındaki saçlar karmakarışık vaziyette gelmesinden daha hayırlı değil mi, buyurdular.

Hatta insanların toplu hâlde bulundukları mescid gibi ortamlara kötü kokularla gelmemeleri için onları ikaz ederdi. Soğan, sarımsak gibi kötü kokulu yiyecekleri yemezdi. Bunları yiyenlerin mescide gelmemesini emretmişti. Buhâri'nin Sahih'inde rivayet ettiği hadiste, "Soğan, sarımsak yiyenler mescidimize gelmesin ve bizimle beraber namaz kılmasın." buyurur.

Halifeliği zamanında Hazreti Ömer (radıyallahu anh) hutbede şöyle demiştir:

– Sizler soğan, sarımsak yiyerek mescide geliyorsunuz. Hâlbuki ben, Efendimiz'in (sallallâhu aleyhi ve sellem) bu sebzeleri yiyerek mescide gelen kimseyi mescidden çıkartarak Bakî' kabristanına kadar uzaklaştırılmasını emrettiğini gördüm.

İslâm'ın temizlik hususundaki emir ve hükümlerini araştıran bir kimse, bunların arkasında sıhhî yönden büyük faydaların olduğunu görecektir. Meselâ istincâ... İslâm, istincâda sağ elin kullanılmasını yasaklamıştır. Çünkü sağ el ile yemek yenir. Bu yasak ile sağ elin pisliklere teması engellenir ve mikroplara karşı hijyenik durum sağlanır.

Peygamber Efendimiz'in (sallallâhu aleyhi ve sellem), sağ elini, yemek yerken ve içerken, bir şey alıp verirken kullandığı; sol elini ise bunun dışında kalan yerlerde kullandığırivâyet edilmiştir. Bir günde her namaz için abdestin emredilmesi ve abdest uzuvlarının tekrar tekrar yıkanmasının istenmesi, insan vücudunun açıkta kalan ve mikroplarla en çok kirlenen yerlerinin temizlenmesine vesile olur. Mikrobiyoloji uzmanları, insanın açıkta olan cildinin 1 santimetrekaresinde 5 milyon kadar mikrobun bulunduğunu ispat etmişlerdir. Mikropların süratli bir şekilde çoğaldığı da bilinen bir gerçektir. Bundan kurtulmak için de, cildin tekrar tekrar yıkanmasından başka çare yoktur.

Günümüz modern tıbbı insan cildinin, insan vücudunda en önemli organ olduğunu kabul etmektedir. Maddî ve ruhî hastalıkların habercisidir insan cildi. Normal bir insanın cildi, yaklaşık olarak 2 metrekaredir. Bir insan cildi üzerinde bulunan muhtelif (faydalı ve zararlı) mikropların sayısı, yeryüzündeki canlıların hepsinin sayısından daha fazladır. Bir defa banyo yapmakla bu mikroplardan (özellikle zararlı olanlarından) 200 milyonu izâle edilmektedir. Ne var ki bu zararlı mikroplar durmadan çoğalmaktadır. Öyleyse bunları, sürekli ve intizamlı bir surette yok ederek sayısını azaltmak gerekir. Bu hususta Peygamber Efendimiz (sallallâhu aleyhi ve sellem) ne güzel buyurmuşlardır: "Her Müslümanın haftada bir defa başını ve vücudunu yıkaması onun üzerinde bir haktır, vazifedir."

İslâm Müslüman'a, dişlerini ve arasında kalan yemek artıklarını da temizlemesini emretmektedir. Konuyla ilgili olarak Hazreti Peygamber (sallallâhu aleyhi ve sellem), "İnsanın amellerini yazan, sağ ve solunda bulunup ondan hiç ayrılmayan iki meleğin en çok kızdıkları şey;

amellerini yazmakla mükellef oldukları kimsenin dişlerinin arasında kalan artıkları temizlemeden namaz kılmasıdır." buyurmuşlardır. Ayrıca yaşadığımız mekânların, evlerimizin, sokaklarımızın temizliği de çok önemli bir meseledir. Peygamber Efendimiz (sallallâhu aleyhi ve sellem) şöyle buyurur: "Allah güzeldir ve güzeli sever, cömerttir ve cömerdi sever, kerîmdir ve kerîmi sever, temizdir ve temizi sever. Evlerinizin çevresini temizleyin..."

İyi Bir Dost Olmak İsteyen Kimse Hangi Hususlara Dikkat Etmeli?

İnsan, dost olabilmeyi bilmelidir. Dost olmasını bilen insan, dost almasını da bilir. Hiç kendinize sordunuz mu, gerçekten iyi bir dost veya arkadaş mısınız? Veya soruyu değiştirip şöyle soralım: İyi bir dost veya arkadaş olmak isteyen bir kimse hangi hususlara dikkat etmeli? İsterseniz bunları madde madde izah etmeye çalışalım.

1. Arkadaşlarınızı lüzumsuz yere haksız tenkitten, kırıcı sözlerden kaçının. Çünkü yersiz tenkitler arkadaşınızın size karşı soğumasına yol açar. Ünlü devlet adamı ve düşünür Benjamin Franklin, insanî ilişkilerindeki başarısının sırrını şöyle anlatır: "Her değersiz adam, durmadan tenkit eder. Durmadan şikâyet eder. Durmadan suçlar. Ben hiç kimsenin kusurundan, kötülüğünden bahsetmedim. Herkesin iyi tarafları vardır. Ben hep o iyi tarafları anlattım. Benim başarımın en önemli sırrı budur." Eğer bir arkadaşınız ve dostunuz olmasını istemiyorsanız onları yersiz yere tenkit edip kırıcı sözler söyleyin.

2. Arkadaşlarınızı güzel bir iş yaptığında takdir edin, onlara abartı ve yalana kaçmadan iltifatta bulunun. Her insan takdir edilmekten, iltifattan hoşlanır. İnsan, ihsanın kuludur. Yani insan kendisine ilgi alaka gösterip takdir eden insana karşı ister istemez yakınlaşır, onunla dostluk kurmak ister. Ayrıca kişinin takdir edilmesi kendisine olan güveni de artırır ve o kimse daha iyi olmaya gayret eder.

3. Asık suratlı olmayın, mütebessim, gülümser bir simaya sahip olun. Çünkü Efendimiz öyleydi ve bizden de mütebessim bir çehreye sahip olmamızı istiyordu. Güler yüzlü insan, etrafına neşe ve huzur saçar, insanları kendisine çeker.

4. Cömert olun, yedirin, içirin. İkram edilen bir bardak çay, paylaşılan bir bisküvi bile pek çok dostluğun kapısını aralamıştır. O yüzden Efendimiz'in ahlâkıyla ahlâklanmanın gereği daima verici olun. Hocaefendi'nin ifadesiyle "Dost ve arkadaşlarını aziz tutup onlara ikramda bulunan kimse, düşmanlarına karşı bir sürü müdafaacı ve kendine arka çıkacak kimseler kazanmış olur."

5. İnsanlarla selâmlaşın, merhabayı eksik etmeyin. Sıcak bir selamlaşma ile ayaküstü kısa bir merhabalaşma insanlar arasında dostluğu pekiştirir. Bu konuda Efendimiz'in "Yaptığınız zaman birbirinizi seveceğiniz bir ameli size haber vereyim mi? Aranızda selamı yayınız." ifadeleri kulağımıza küpe olmalı.

6. Bağışlayıcı, kusurları örtücü olun. Her insan hata yapar. Önemli olan hata ve kusurları affedebilmektir. Rabbimiz, sevdiği kullarının güzel ahlâklarını anlattığı bir yerde şöyle buyurur: "O takva sahipleri ki, ...öfkelerini yutarlar ve insanların kusurlarını affederler. Allah, iyilik edenleri sever." Mümin, Yunus'un yaklaşımıyla dövene elsiz, sövene dilsiz ve gönül kırana karşı gönülsüz olmakla vazifelidir. Evet, iyi bir arkadaş kırıcı olmayan, takdir edici, mütebessim, paylaşımcı, bağışlayıcı, fedakâr ve güvenilir olmalı. Dostluk ve arkadaşlığın gereklerinden birisi olan fedakârlıkla alakalı iki kardeş arasında geçen şöyle bir hadise anlatılır: Kardeşlerden biri evliydi ve çok çocuğu vardı. Diğeri ise bekârdı. Her günün sonunda iki erkek kardeş ürünlerini ve kârlarını eşit olarak bölüşürlerdi. Günün birinde bekâr kardeş kendi kendine: "Ürünümüzü ve kârımızı eşit olarak bölüşmemiz hiç de adil değil. Ben yalnızım ve pek fazla dünyalığa ihtiyacım yok." der. Böylelikle her gece evinden çıkıp bir çuval tahılı gizlice erkek kardeşinin evindeki tahıl deposuna götürmeye başlar. Bu arada evli olan kardeş de kendi kendine:

"Ürünümüzü ve kârımızı eşit olarak bölüşmemiz hiç de doğru değil. Üstelik ben evliyim. Bir eşim ve çocuklarım var ve yaşlandığım zaman onlar bana bakabilirler. Oysa kardeşimin kimsesi yok." der. Böylece evli olan kardeş de her gece evinden çıkıp bir çuval tahılı gizlice erkek kardeşinin tahıl deposuna götürmeye başlar. İki erkek yıllarca ne olup bittiğini bir türlü anlayamazlar. Çünkü her ikisinin de deposundaki tahılın miktarı değişmiyordu. Sonra bir gece iki kardeş gizlice birbirlerinin deposuna tahıl taşırken çarpışıverirler. O anda olan biteni anlarlar ve çuvallarını yere bırakıp birbirlerini kucaklarlar. İşte yaşamayı değil, yaşatmayı kendisine hayat biçimi olarak kabul etmiş adanmış bir ruhun destansı kardeşlik ve dostluk örneği...

Ebu Süfyan Bile Yalancı Diyemedi

Doğru davranma ve doğru konuşma ahlâkın en önemli unsurudur. Resûl-i Ekrem Efendimiz için de doğruluk timsali diyebiliriz. Hep doğruluk soluklamıştır. Esas fazilet düşmanın övmesidir. İşte bir vak'a:

Efendimiz'in Müslüman olmadan önce azılı düşmanlarından biri olan Ebû Süfyan'ın anlattığı bir hadise vardır; şöyle anlatıyor: "Kureyş'in bir kervanıyla Şam taraflarında bulunuyordum. Ticaret için gitmiştim. Bu, Hazreti Peygamber'le on senelik barış yaptığımız devreye rastlıyordu. Biz Kudüs'te iken Herakliyüs de oraya geldi. Bizi meclisine davet etti.

Gittik; etrafında Rum halkının ileri gelenleri ile oturuyordu. Sonra bizi huzura aldırdı ve tercümanı da getirtti.

Hanginiz, "Ben peygamberim." diyen kişiye soy bakımından daha yakındır, diye sordu. Ben,

O'na herkesten daha yakınım, dedim.

Ebû Süfyan'ı ve onun arkasına da arkadaşlarını yerleştirerek huzuruma getirin, dedi.

Beraber ticarete gittiğimiz arkadaşlarımı tam arkama koydular. Sonra tercümanına benim arkamda bulunanlara söylenmek üzere şöyle dedi:

Ebû Süfyan'dan Muhammed'in durumunu soracağım ve eğer bana doğruyu söylemezse, 'Doğru söylemedi.' desinler! Ebû Süfyan diyor ki:

Yemin ederim, eğer onların yalanımı söylemeyeceklerini bilsem ben O'nun hakkında yalan söyleyecektim.

Herakliyüs'ün benden sorduğu ilk şey şuydu:

– Bu kişi sizin aranızda soyca nasıldır?

– O, bizim aramızda soylu birisidir.

Herakliyüs'ün sorularından biri de şuydu:

– Siz onu bu söylediklerinden önce yalancılıkla itham eder miydiniz?

– Hayır!

Onun hile yapıp yapmadığını sordu, ben de yapmadığını söyledim ve hemen arkasından da "Biz bir müddettir onun ne yaptığını bilmiyoruz." dedim. Orada imkân bulup da Hazreti Peygamber'in aleyhinde araya sokuşturduğum tek şey bu idi. Herakliyüs soruların cevaplarını aldıktan sonra şu sözlerle konuşmasını bitirdi:

– Bir olan Allah'a ibadet etmemizi, hiçbir şeyi O'na ortak koşmamamızı emrediyor, bizi putlara ibadetten nehyediyor; Allah'a ibadet etmemizi emrediyor, zinadan kaçınmamızı söylüyor, dedin. Eğer Ebû Süfyan senin bu söylediklerin doğru ise kesinlikle adı geçen bu Zât, bu iki ayağımın altındaki topraklara da hâkim olacaktır. O'nun geleceğini biliyordum, okuyordum. Fakat O'nun Araplardan olacağını zannetmiyordum. O'nun yanına güvenle varacağımı bilseydim O'nunla buluşmanın, beraber olmanın zorluklarına tahammül gösterecektim. Hatta ben O'nun yanında olsaydım O'nun ayaklarını yıkardım.

İşte neticesi görülen bir hakikat: "Bir tane sıdk, bir harman yalanları yakar. Bir tane hakikat, bir harman hayâlâta müreccahtır."

Mehmet Akif Yağmura Aldırmadı

Mehmet Akif bir gün arkadaşlarından Eşref Edip'le öğle yemeğinde buluşmak için sözleşmişlerdi. Eşref Edip Vaniköy'de oturuyordu; kendisi Beylerbeyinde. Öğleden bir saat evvel oraya gidecekti. Fakat o gün öyle bir yağmur vardı ki, her taraf sel oldu. Eşref Edip, Mehmet Akif'in böyle bir yağmurda gelmeyeceğini düşünerek hizmetçiye döneceğini söyleyerek, evden çıkıp başka bir arkadaşına gitti.

Yağmur devam ediyordu. O evden çıktıktan bir süre sonra Mehmet Akif, o yağmura rağmen Eşref Edip'in evine gelmişti. Eşref Edip, evine döndüğünde onun geldiğini hizmetçiden öğrendi. Akif, sırılsıklam bir halde olmasına rağmen içeriye girmemiş, "Selam söyle!" diyerek yağmura aldırmadan gerisin geriye gitmişti.

Eşref Edip ertesi gün kendisini bulmuş durumu anlatarak özür dilemek istemişti. Ama Mehmet Akif bu olaydan dolayı çok kırılmıştı. Sonra da Eşref EDİP'e şu unutulmayacak şu cevabı veriyordu:

– Bir söz, ya ölüm veya ona yakın bir felaketle yerine getirilmezse mazur görülebilir...

Hucurat Sûresi'nin Meali

Bu sûrede müminlere bazı görgü kuralları, Peygamber'e ve birbirlerine karşı nasıl davranacakları öğretilmektedir. Medine'de inmiştir. 18 (on sekiz) âyettir. Adını, dördüncü âyetteki "odalar" anlamına gelen "hucurât" kelimesinden alır.

Rahmân ve Rahîm (olan) Allah'ın adıyla.

1. Ey iman edenler! Allah'ın ve Resûlü'nün önüne geçmeyin. Allah'tan korkun. Şüphesiz Allah işitendir, bilendir.

2. Ey iman edenler! Seslerinizi Peygamber'in sesinin üstüne yükseltmeyin. Birbirinizle yüksek sesle konuştuğunuz gibi, Peygamberle de yüksek sesle konuşmayın; yoksa siz farkına varmadan amelleriniz boşa gidiverir.

3. Allah'ın elçisinin huzurunda seslerini kısanlar, şüphesiz Allah'ın kalplerini takvâ ile imtihan ettiği kimselerdir. Onlara mağfiret ve büyük bir mükâfat vardır.

4. Ama sana evinin dışından seslenenlerin ise ekserisi düşüncesiz, makul davranmayan kimselerdir.

5. Eğer onlar, sen yanlarına çıkıncaya kadar sabretselerdi, elbette kendileri için daha iyi olurdu. Allah gafurdur, rahimdir.

6. Ey iman edenler! Eğer bir fâsık size bir haber getirirse onun doğruluğunu araştırın. Yoksa bilmeden bir topluluğa kötülük edersiniz de sonra yaptığınıza pişman olursunuz.

7. Hem bilin ki, içinizde Allah'ın elçisi vardır. Şayet o, birçok işlerde size uysaydı sıkıntıya düşerdiniz. Fakat Allah size imanı sevdirmiş ve onu gönüllerinize sindirmiştir. Küfrü, fıskı ve isyanı da size çirkin göstermiştir. İşte doğru yolda olanlar bunlardır.

8. Allah herşeyi hakkıyla bilir, tam hüküm ve hikmet sahibidir.

9. Eğer müminlerden iki gurup birbirleriyle vuruşurlarsa aralarını bulun. Buna rağmen şayet biri ötekine saldırırsa, Allah'ın buyruğuna dönünceye kadar saldıran tarafla savaşın. Eğer dönerse artık aralarını adaletle düzeltin ve (her işte) adaletli davranın. Şüphesiz ki Allah, âdil davrananları sever.

10. Müminler ancak kardeştirler. Öyleyse kardeşlerinizin arasını düzeltin ve Allah'tan korkun ki esirgenesiniz.

11. Ey müminler! Bir topluluk diğer bir topluluğu alaya almasın. Belki de alay edilenler edenlerden daha hayırlıdırlar. Kadınlar da kadınları alaya almasınlar. Belki de alay edilenler edenlerden daha hayırlıdırlar.Kendi kendinizi ayıplamayın, birbirinizi kötü lakaplarla çağırmayın. İman ettikten sonra finsanın adının kötüye çıkması, fâsıklık damgası yemesi ne kötü bir şeydir! Kim tevbe etmezse işte onlar tam zalim kimselerdir.

12. Ey iman edenler! Zannın bir çok çeşidinden kaçının. Çünkü zannın bir kısmı günahtır. Birbirinizin kusurunu araştırmayın. Biriniz diğerinizin gıybetini yapmasın. Hiç sizden biriniz, ölmüş kardeşinin etini yemekten hoşlanır mı? İşte bundan hemen tiksindiniz. O halde Allah'ın azabından korkun da bu çirkin işten kendinizi koruyun. Şüphesiz Allah, tevbeyi çok kabul edendir, rahimdir.

13. Ey insanlar! Doğrusu biz sizi bir erkekle bir dişiden yarattık. Ve birbirinizle tanışmanız için sizi kavimlere ve kabilelere ayırdık. Muhakkak ki Allah yanında en değerli olanınız, O'ndan en çok korkanınızdır. Şüphesiz Allah bilendir, her şeyden haberdardır.

14. Bedevîler "İnandık" dediler. De ki: Siz iman etmediniz, ama "İslam olduk, boyun eğdik" deyin. Henüz iman kalplerinize girmiş değildir. Eğer Allah'a ve elçisine itaat ederseniz, Allah işlerinizden hiçbir şeyi eksiltmez. Çünkü Allah çok bağışlayan, çok esirgeyendir.

15. Müminler ancak Allah'a ve Resûlü'ne iman eden, ondan sonra asla şüpheye düşmeyen, Allah yolunda mallarıyla ve canlarıyla savaşanlardır. İşte imana bağlı gerçek müminler bunlardır.

16. De ki: Dindarlık derecenizi siz mi Allah'a öğretiyorsunuz? Oysa Allah bunu bildiği gibi göklerde olanları da bilir yerde olanları da. Allah her şeyi hakkıyla bilendir.

17. Onlar İslâm'a girdikleri için seni minnet altına sokuyorlar. Onlara de ki: Müslümanlığınızı benim başıma

kakmayın. Eğer doğru kimselerseniz bilesiniz ki, sizi imana erdirdiği için asıl Allah size lütufta bulunmuştur.

18. Şüphesiz Allah, göklerin ve yerin gizliliklerini bilir. Bütün bunları bilen Allah sizin yaptığınızherşeyi de elbette görür.

Misafir Ağırlama Âdâbı

İnsanlar arasında birbirini daha iyi tanımanın, problemleri paylaşmanın, kardeşlik bağlarının güçlenmesinin yerleşmesine yardımcı olan önemli sebeplerden birisi ziyaretlerdir. O yüzden dinimiz Müslümanların birbirlerini ziyaret etmesine ayrı bir ehemmiyet vermiştir. Peygamber Efendimiz bir hadislerinde, Allah için bir hastayı veya bir Müslüman'ı ziyaret eden kişinin Cennetteki yerini hazırladığı müjdesini vermiştir.

Bir mümin, en başta anne-baba ve akrabaları olmak üzere, bütün sevdiklerini ziyaret etmeli, onları acı ve tatlı günlerinde yalnızlığa terk etmemelidir. Buna dinimizde sıla-i rahim denmektedir. Sıla-i rahim, akraba ve yakınları ziyaret etme, hâllerini ve hatırlarını sorma anlamlarına gelir. Maalesef günümüzde pek çok değerimiz gibi akraba ve yakınlarla görüşme ahlâkı da unutulmak üzere. Yeni yetişen nesiller dede, nine, amca, teyze, hala sevgisinden uzak yetişiyor. Peygamber Efendimiz'in, yapıldığı takdirde kişinin Cennete girmesine vesile olacağını haber verdiği sıla-i rahim; sadece akrabaları ziyaret etme değil, aynı zamanda her türlü hayır işlerinde akraba ve yakınların görülüp gözetilmesi anlamına da gelir.

Pek çok âyet-i kerime ve hadisi şerifte sıla-i rahmin, namaz, zekât gibi farz ibadetlerden hemen sonra anılması, meselenin dindeki önemini göstermektedir. Burada sadece bir âyet-i kerimeyi verelim: "Adını anıp Kendisini vesile ederek birbirinizden dilekte bulunduğunuz Allah'a saygısızlık etmekten ve akrabalık bağlarını koparmaktan sakınınız.

Allah sizin üzerinizde tam bir gözeticidir." Sıla-i rahmin birkaç derecesi vardır:

1. En aşağı derecesi akrabalarımıza karşı tatlı sözlü, güler yüzlü olmak; karşılaştığımızda selâmlaşmayı, hâl-hatır sormayı ihmal etmemek; daima kendileri hakkında iyi şeyler düşünmek ve hayır dilemektir.

2. İkinci derecesi ise onların ziyaretlerine gitmek ve çeşitli konularda yardımlarına koşmaktır. Bunlar daha çok bedenî hizmetlerdir. Özellikle yaşlıları zaman zaman yoklayarak, yapılacak işleri varsa onları takip etmek kendilerini sevindirecektir.

3. Sıla-i rahmin üçüncü ve en önemli derecesi ise akrabalara malî yardım ve destek sağlamaktır. Evet bize düşen aşağıda verdiğimiz genel ziyaret kurallarına uyarak büyüklerimizi ve sevdiğimiz kimseleri başta bayramlar olmak üzere, sık sık ziyaret edip onlarla irtibatı koparmayarak hayır dualarını almaktır.

Ev Sahibinin Dikkat Etmesi Gereken Esaslar

1. Misafiri gelen kişi, misafiri bizzat karşılamalı ve uğurlamalı.

2. Güler yüzlü, saç/sakal tıraşlı, üst başı düzgün olarak misafir karşılanmalı.

3. Güzel elbise ile karşılamalı. (Pijama, şort, atlet, şalvar vb. ile karşılama olmamalı)

4. Misafirin evde kullanacağı bölümlerin temiz, düzenli, ses-ışık-sıcaklık-koku ayarlanmış olmalı. (Misafir odası, yemek odası, wc, banyo vb.)

5. Ev halkı, gelen misafire "hoş geldiniz" vb. ifadelerle misafir geldiğine memnuniyetini bildirmeli.

6. Misafiri yalnız bırakmamalı veya sıkmamalı

7. Misafire ikramda özen gösterilmeli. İkram edilecek şey ne olursa olsun bir sehpaya, yoksa uygun bir yere konmalı. Memnuniyet havası oluşturulmalı.

8. Misafirle ilgilenilmeli. İhtiyacı olup olmadığı sorulmalı, ihtiyaçları karşılanmalı.

9. Misafirin yanında başkasını azarlamamalı, çekiştirmemeli.

10. Misafirin üzerinde ceket, palto varsa alınıp asılmalı.

11. Terlik bulundurup, misafir girerken hemen takdim edilmeli.

12. Misafir uygun bir odaya, dağınık olmayan rahatça hareket edebileceği bir ortama alınmalı.

13. Misafir bizim değil de bir büyüğümüzün ise yanında bulunmamız icap ediyorsa bulunmalıyız. Özel bir şey görüşmek için gelebileceğini hesap etmeliyiz.

14. Eğer içerde bulunmamızda bir mahzur yoksa ev sahibinden daha fazla misafirle konuşmamalı. Zira gereksiz bir şekilde lafa karışmak hiç uygun değildir.

15. O anda çok sıkıntılı ânımız dahi olsa gelen misafire bunu belli etmememiz gerekir ki kendisinden rahatsız olduğumuz anlamını çıkarmasın.

16. Misafiri bir odaya aldıysak şuna çok dikkat etmeliyiz: Yanında biz bulunamayacaksak, mutlaka onunla ilgilenebilecek, oturabilecek biri olmalı. Odaya tek başına terk edip gitmek misafir açısından hiç de hoş olmaz.

17. Eğer uzaktan gelmiş ise hiç sormadan bir sofra hazırlanmalı ve sunulmalıdır. Tek olunsa bile ona eşlik edilmelidir.

18. Birlikte otururken sık sık saate bakılmamalı ki hemen git anlamı çıkarılmasın.

19. Onun yanında gizli konuşmamalı ve gülünmemeli.

20. Kapıdan misafirin bulunduğu yere başkalarının kafalarını sokup çıkarması uygun değildir. Kapı ya hiç açılmamalı veya açıldığı takdirde bir hâl hatır sorulmalı.

Vaktimiz sınırlı ise hemen müsaade istemeli ve özür dileyerek çıkılmalı.

21. Misafir giderken üzerine ne giyecekse tutulmalı ve geldiğinden memnun olduğumuzu belirtmeliyiz.

22. Kapıdan çıkarken gidinceye kadar kapıda beklemeli ve çıkınca hemen kapı kapatılmamalıdır.

23. Eğer misafir gece kalacak ise yatacağı yer ayarlanmalı, nevresim, çarşaflar temiz olmalı, gece kıyafeti, havlu tedarik edilmeli.

Misafirin Dikkat Etmesi Gereken Kurallar

1. Ziyaret etmek istediğimiz hanenin kapısında kapı açılınca içeriyi görecek şekilde durmamalı.

2. Kapı üç defa çalınır da açılmazsa ısrar edilmemeli. Peygamberimiz "Sizden biriniz üç defa izin ister de ona izin verilmezse geri dönsün." buyuruyor. Telefon da bu bağlamda düşünülebilir.

3. Eve girerken ve çıkarken selam verilmeli. Boş eve girerken de selam verilmeli.

4. Davete geç kalmamalı, erken de gitmemelidir.

5. Misafirliğe giderken, temiz ve düzgün elbiseler giyilmeli.

6. Misafirliğe mümkünse hediye ile gitmeli.

7. Misafirliğe gidilen evin kapısı çalınmalı, ev sahibi izin verdikten sonra içeri girilmeli.

8. Misafir sağına soluna bakmamalı, sıkıntı vermekten çekinmeli. Ev sahibinden izinsiz bir başka misafire bir şey ikram etmemeli. Ev sahibinin gösterdiği yere oturmalı. Lavabo ve tuvalete gitmek için izin istenmeli.

9. Gelen yemekte kusur bulmamalı. Bir kusuru olsa da söylememeli.

10. Misafir arzu ettiği şeyleri istememeli, gelen ile iktifa etmeli, "Şu var mı?" diye belli bir yemek istememelidir. Eğer ev sahibi, birkaç yemek ismi sayıp (hangisini hazırlayalım) diye sorarsa, külfetten uzak, zahmetsiz olanını tercih etmeli.

11. Misafirliğe gidilen kimsenin yaş, akrabalık veya hastalık gibi durumları göz önünde bulundurularak, konuşma şekline dikkat etmeli. Özellikle yaşlılar ve hastalar, sık sık ve kısa süreli ziyaret edilmelerini beklerler. Bu bakımdan bu kimselerin ziyareti diğerlerine göre daha fazla yapılmalı.

12. Dinî inanış, siyasî görüş farklı olsa da, ev sahibini veya oradakileri üzecek sözler söylememeli.

13. Misafir, gönül hoşluğu ile ve memnuniyetini ifade edecek şekilde ayrılmalı.

14. Ev sahibinden izinsiz veya habersiz evi terk etmemeli.

15. Ev sahibinin işi varsa, misafirliği uzatmadan müsaade isteyerek ayrılmalı.

16. Bir sebeple misafirliğe gidilemeyecekse mutlaka ev sahibine önceden haber verip izin istemeli.

Ziyaret Etmek Sünnettir

Ashab-ı Kiram'dan, Hz. Kays b. Sa'd'ın anlattığına göre, Resûlullah (sallallâhu aleyhi ve sellem) bir gün kendilerini ziyaret etmiş, evlerinde bir müddet bulunmuş, kendileri için dua etmiş ve evden ayrılmıştır. Hz. Abdullah b. Kays (radıyallahu anh): "Resûlullah (sallallâhu aleyhi ve sellem) Ensar'ı, ya tek tek veya topluca ziyaret ederdi. Tek tek ziyaret ettiği zaman evlerine giderdi. Topluca ziyaret etmek istediği zaman Mescid'e gelirdi." demektedir.

Başka bir hadiste de yine Resûlullah'ın Ensar'dan bir aileyi ziyaret ettiği, evlerinde yemek yediği, namaz kıldığı ve kendilerine dua ettiği belirtilmektedir. Ashabın büyüklerinden Hz. Selman (radıyallahu anh) Medâin'den Şam'a kadar gidip Hz. Ebû'd-Derdâ'yı ziyaret etmişti. Kûfe'den Medine'ye kendisini ziyaret etmek için gelen arkadaşları ile Hz. Abdullah b. Mes'ud (radıyallahu anh) arasında şu konuşma geçmiştir:

Hz. Abdullah b. Mesud:

– Oturup dertleşiyor musunuz?

Arkadaşları:

– Bunu hiç terk etmiyoruz.

– Birbirinizi ziyaret ediyor musunuz?

– Evet, Ey Ebû Abdurrahman, hatta bazılarımız, Müslüman kardeşini bir müddet görmezse ta Kûfe'nin öte başına yürüyerek gidip onun hâlini hatırını soruyor. Hz. Abdullah b. Mesud:

-Siz böyle devam ettiğiniz müddetçe huzur içinde yaşarsınız.

Yukarıda aktarmaya çalıştığımız rivayetler ışığında, Peygamber (sallallâhu aleyhi ve sellem)'in Müslümanları sık sık ziyaret ettiğini görmekteyiz. Ayrıca Efendimiz (sallallâhu aleyhi ve sellem) devamlı olarak ashabının hâl ve hatırını sormuştur. O'nun (sallallâhu aleyhi ve sellem) bu davranışını gören Müslümanlar birbirlerini ziyaretten geri durmamış, o devrin kısıtlı ulaşım imkânlarını hiçe sayarak bir şehirden diğerine Allâh rızasını gözeterek ziyarete gitmişlerdir.

Yatma ve Uyku ile İlgili Diğer Tavsiyeleri

Yatmadan Önce, Yatılacak Yerin Gözden Geçirilmesi

Allah Resûlü yatmadan önce yatılacak yerde herhangi zararlı bir şeyin olup olmadığını öğrenmek için yatağın kontrol edilmesini tavsiye ederdi. Bu münasebetle Allah Resûlü şöyle buyurmuştur:

"Biriniz yatağına yatacağı zaman elbisesinin bir ucuyla yatağını silkelesin. Çünkü yatağından ayrıldıktan sonra oraya hangi zararlının girdiğini bilemez. Sonra da şöyle desin; (Rabbim! Sen'in isminle yatağıma yattım, yine Sen'in isminle yatağımdan kalkarım. Eğer uykuda canımı alacaksan, bana merhamet edip bağışla! Şayet hayatta bırakacaksan, iyi kullarını muhafaza ettiğin gibi beni de fenalıklardan koru!)"

Efendimiz döneminde ashab-ı kiram basit yerleşim yerlerine sahip olduklarından, ayrıca çöl hayatı ile içi içe yaşadıklarından dolayı bu davranış, zararlı haşerat için alınabilecek en güzel tedbirlerden biridir. Günümüzde yaşadığımız modern evlerde dahi geçerli olan güzel bir tedbirdir. Hususiyle çocuklu ailelerin bu tavsiyeye çok dikkat etmeleri gerekir. Çocuklar oynadıkları oyuncakları olur olmaz yerlerde bırakmaktadırlar. Ayrıca ev hanımları ev içinde kullandıkları iğne vs. gibi tehlikeli malzemeleri bazen tamir ettikleri eşyaların üzerinde unutabilmektedirler. Dolayısıyla kötü bir netice ile karşılaşmak istemiyorsak yatmadan önce yatılacak yerleri gözden geçirmemiz gerekmektedir.

Can Güvenliği Olmayan Mekânlarda Yatılmaması

Allah Resûlü, insanların korkuluğu olmayan dam gibi tehlikeli yerlerde yatmasını da yasaklamıştır. Çünkü insan uykuda iken farkında olmadan hareket edip bulunduğu mekândan düşebilir. Konuyla alâkalı bir rivayeti

Abdurrahman ibni Seyhan babasından rivayet etmektedir. Allah Resûlü şöyle buyurmuştur:

"Kim etrafı çevrili olmayan bir dam üzerinde uyur da düşüp ölürse, (Allah'ın o şahsa yapılacak haksızlıklardan dolayı ilgili kimseleri dünyada sorumlu tutacağına dair vermiş olduğu sözden kendini uzaklaştırmış olur." Kul tedbirini aldıktan sonra gerisini Allah'a bırakmalıdır ki gerçek tevekkül anlayışı bunu gerektirir. Hadis-i şerifte belirtildiği gibi hiçbir önlem alınmadan, etrafı çevrili olmayan bir yerde yatan bir kimsenin yuvarlanıp düşmesi neticesinde sorumluluk kendisine ait olur. Şayet düşüp vefat ederse o kimsenin ölümünden kimse sorumlu tutulmaz. Nitekim bazı bölgelerimizde yaz aylarında insanlar korkuluğu olmayan damlarda yatmakta ve maalesef ölümle neticelenen hâdiseler yaşanmaktadır. Allah Resûlü'nün bu tavsiyesine uyarak gerekli önlemler alınmalıdır.

Yatarken ve Uykudan Uyanırken Dua Edilmesi

Allah Resûlü (sallallâhu aleyhi ve sellem) yatarken ve uyanırken devamlı dua ederlerdi. Huzeyfe ibni Yeman'dan (radıyallahu anh) gelen bir rivayete göre Peygamber Efendimiz yatarken: "Allah'ım! Senin isminle ölür ve dirilirim." diye dua eder; uykudan uyandığı zaman da: "Öldürdükten sonra bizi dirilten Allah'a hamd olsun. Dönüş ancak O'nadır." derdi.

Efendimiz her gece yatağına girdiği zaman İhlâs, Felak ve Nâs sûrelerini okurdu. Hz. Âişe'nin bu konu ile ilgili rivayeti şöyledir: Peygamber Efendimiz her gece yatağına geldiği zaman iki elini birleştirir, sonra bunlara üflerdi. Şöyle ki: "İhlâs, Felak ve Nâs" sûrelerini okuyup ellerine üfler, sonra elleriyle vücudundan yetişebildiği kadar yerleri sıvazlardı. Elleriyle sıvazlamaya başı ve yüzü üzerinden başlar, vücudunun ön kısmını da sıvazlardı. Okuyup üfleyip vücudunu meshetme işlemini üç defa tekrarlardı."

Dua Etmeyi Tavsiye Ederdi

Peygamber Efendimiz, Allah'ı zikretmeden yatan bir insanın eksik bir iş yapacağını söyleyerek insanları dua etmeye teşvik ederdi. Ebû Hureyre'den (radıyallahu anh) rivayet edildiğine göre, Resûlullah şöyle buyurmuştur: "Bir kimse bir mecliste oturur da orada Allah Teâlâ'nın ismini anmazsa, Allah'a karşı eksik bir iş yapmış, bir günah işlemiş olur. Bir kimse yatağa yatar da orada Allah Teâlâ'yı zikretmezse, yine ek sik bir iş yapmış, bir günah işlemiş olur."

Meclislerde Oturma Âdâbına Riayet Edilmesi

Allah Resûlü meclislerde nasıl oturulması gerektiği ile alâkalı olarak bazı tavsiyelerde bulunmuştur. İlk defa bir yere oturanın o mekâna sonradan gelenlerden daha çok hak sahibi olduğu hakkında Efendimiz "Sizden biriniz bir kimseyi oturduğu yerden kaldırıp yerine kendisi oturmasın. Fakat açılarak halkayı genişletiniz." buyurmuştur.

Bir başka hadis-i şeriflerinde de; oturduğu yerden kalkan kimsenin geri döndüğünde, önceki oturduğu yere oturmaya herkesten fazla hak sahibi olduğunu ifade etmişlerdir. Bu sebeple ashab efendilerimiz bir meclise girdiklerinde kimseyi rahatsız etmeden boş buldukları yere otururlardı. Nitekim Câbir İbn Semüre (radıyallahu anh) bu konuda şunları demektedir: "Peygamber Efendimiz'in (sallallâhu aleyhi ve sellem) huzuruna vardığımızda her birimiz (önüne) gelen (ilk boş) yere otururdu (yukarı geçmek için kimseyi rahatsız etmezdi.)."

Evet, bir toplulukta sonradan gelen kimselerin öne geçmek istemesi, münasip bir davranış değildir. Meclis içinde bu durumdan rahatsızlık duyanlar olabilir. Hadis-i şeriflerde belirtildiği gibi bir mecliste yer kalmadıysa meclise sonradan gelen kimseler için ya halkayı genişletmek veya saflar sıklaştırılarak ona yer açmak gerekir. Böyle davranmak meclisin âdâbındandır. Kur'ân-ı Kerim'de bu konunun ehemmiyeti: "Ey îmân edenler! Size, "Meclislerde yer açın!" denildiği zaman hemen yer açın ki Allâh da size genişlik versin." (Mücâdele Sûresi, 58/11) âyetiyle ifade edilmektedir.

Müsaade Almadan İki Kişi Arasına Oturulmaması

Allah Resûlü'nün tavsiye ettiği ve meclislerde riayet edilmesi gereken önemli kurallardan birisi de izin almadan iki kişi arasına oturmamaktır. Bununla alâkalı olarak Amr İbni Şuayb'ın (radıyallahu anh) rivayetine göre

Efendimiz "Kendileri müsaade etmedikçe, iki kişinin arasına oturmak bir kimseye helâl olmaz." buyurmuşlardır. Yan yana oturan iki kimsenin arasına girmek münasip olmayan bir davranıştır. Bununla beraber hoş olmayan bir başka davranışda mescitlerde insanların omuzlarına basarak ön saflara geçmeye çalışmaktır. Bu mesele ile ilgili Efendimiz döneminde yaşanmış bir hâdiseyi Enes İbni Mâlik (radıyallahu anh) şöyle anlatır:

Allah Resûlü birgün hutbe okurken birisi geldi, insanların omuzlarına basarak ilerledi ve Efendimiz'in yakınına oturdu. Peygamber Efendimiz (sallallâhu aleyhi ve sellem) namazı bitirince adama:

– Ey falan seni bizimle birlikte Cuma namazını kılmaktan alıkoyan nedir, dedi. O şahıs:

– Yâ Resûlallah! Şu gördüğün yere oturabilmek için böyle yaptım, dedi. Allah Resûlü:

– Fakat seni insanların omuzlarına basarken ve onlara eziyet ederken gördüm. (Şunu bil ki) bir Müslümana eziyet eden bana eziyet etmiştir; bana eziyet eden ise Allah'a eziyet etmiş olur, buyurmuştur.

Bu şahıs namaz kıldığı hâlde Efendimiz'in kendisine "Neden Cuma namazını kılmadın?" diye sorması yaptığı hareketin yanlış olduğunu ifade etmek içindir. Şahsın namazı makbul olabilir, ama insanlara eziyet vermesi hoş bir davranış olmadığı için Peygamber Efendimiz bu şahsı ikaz etmek zorunda kalmıştır.

Dinî Düşüncelerin Alaya Alındığı Yerlerde Oturulmaması

Dinî düşüncelerin alaya alındığı, hakaret edildiği yerlerde Müslümanların bulunmaları uygun değildir. Bu durum Kur'ân-ı Kerim'de: "Allah'ın âyetlerinin inkâr edildiğini ve onlarla alay edildiğini işittiğinizde, (bu konuşmayı bırakıp) başka bir söze geçinceye kadar onlarla berâber oturmayın! (Böyle yaptığınız takdirde) elbette siz de onlar gibi olursunuz." (Nisâ Sûresi, 4/140) âyetiyle yasaklanmıştır. Ancak dinî düşüncelerle alay edilmeyen, buna rağmen lüzumsuz konuların konuşulduğu bir mecliste bulunan kimselere Efendimiz "Kim mâlayâni konuşmaların çok olduğu bir yerde oturur da oradan kalkmazdan önce şu duayı okursa, işlemiş olduğu günahlarından arınmış olur: "Allah'ım! Sen'i hamdinle tesbih eder, Sen'den başka ilâh olmadığına şehadet ederim. Sen'den mağfiret diliyor ve Sana tevbe ediyorum."

Avucumda Bir Tohum

Ben buralı değilim. Uzak diyarlardan, dünyanın uzak bir ucundan geldim. Uçsuz, bucaksız çölleri ve nice gölleri aşarak... Atımın eyerini savurarak ve avucuma bir tohum alarak geldim. Yeryüzünde yeşilsiz yer bırakmamak ve "maviyi" yetim koymamak adına çıktım yola. Avucumda bir ağaç ve hatta bin ağaçla... Adres burası olmalı. Artık durmalıyım. Son sürat yavaşlıyorsam bilin ki emanete saygımdandır. Yolda, dağ eşkıyasına bütün malımı verdim de avucumdakini göstermedim. Bana "niçin" demeyin. Bildiğim tek şey; kâinatı peşime takarak, yıldızları cebime, yağmurları gözlerime koyarak geldiğim. Avucuma baktıkça 'insanımı' gördüm, aydınlık ve güzel. Asya'yı gördüm ardından; sanki yüzyıllık acılar bitmiş, atımın ardından su döküyordu Kırım'lı çocuk. Evet, orada duasını gördüm Yesevi'nin, Taptuk'un, Sarı Saltuk'un. Anadolumu gördüm avucumda ve "Ana, dolu." diyen yiğidin sesini duydum içimde. Kudüs'ü gördüm, çocuklar sapan taşlarını bir kenara bırakmış, uçurtma uçuruyorlardı sanki. Filistin'i ve ümidi gördüm. Parmaklarımdan 'yeşil' üzerinden uçacak martılar kaçıp gitti. Çığlık çığlığa bir güvercinle ve avucumda bir şehirle geldim.

Torunları olacak bu dünyanın. Birbirine "Yum gözlerini bak ne getirdim sana." diyerek, şehirler sunan çocukları olacak. Avucundan Mekke, Bağdat, Beyrut, Venedik'ler çıkaracaklar. Güzel tebessümlerle gönüllerini sunacaklar dünyanın yarınına. Karamsarlık değil umut, mazi değil müstakbel kokacaklar. Güneşe doğru sürerken atımı, anlatacaklarımı düşündüm gönül hicretimde. Konuşacak ne çok şey var dedim kendi kendime. Bunca paylaşılacak şey varken susmak olur mu? Bildiklerimin hesabını kolaylaştırmak adına ve herkesi "iyi" ye çağırmak için geldim.

Diken temizleyen, ağaç sulayan bahçıvanlarımız bütün ülkeyi saracak. 'Çevreciler' de tarihe karışacak. Etrafta 'insanlar' dolaşacak. Küçük, esmer bir kız annesine papatya uzatacak. Anne tebessümle karşılık verecek. Öyle ki ben avucumda tebessümlerle geldim.

Yalnız İstanbul değil, her yer, her dağ; her tepe, herkes, her ben, her sen, gönlünde biten laleleri fark edecek. Ruhumuzda akan çağlayanlar, esen küçük bir meltem şehrin o görkemli elbisesini sunacak bize. Önce içimizdeki şehir değişecek, sonra İstanbul. Değil mi ki; insanların içinde yaşadığı şehirler, şehirdeki insanların bir sonucudur. Ben avucumda bir insanla geldim.

Toprak hasretten kurudu, kaldı. Artık onu ağaçla kökle, yağmurla birleştirme vakti geldi. Fidanlar bir 'el' düşlerken çiğ taneleri yapraklara 'gel' derken, saçlarımıza kırağı düşmeden, hayata yalanlar söylemeden, taş yığınlarının arasında kâbuslar görmeden, bir şehir başına birkaç ağaç düşmeden, gelin yer açalım ağaçlara ve avuçlara. Elçiye zeval olmaz. Bir buket gül getirdiysem açın ellerinizi ve yüreğinizi. Avucuma bir ağaç, bir şehir, bir insan koyup da geldiysem açıverin avuçlarınızı. Tohumlar ağaç olsun, ağaçlar şehir, şehirlerde insanlar dolaşsın. İnsanlar avuçlarını açsın. Emaneti teslim edip yola revan olma vaktidir. Yer açın toprağınızda, avucumda bir tohum.

İffetini Koruma

Rabb'im Bana İki Katını Verdi

Hazreti Ömer zamanında sürekli mescide devam eden dindar bir genç vardı. Hazreti Ömer, onun bu hâlini çok severdi. Gencin yaşlı bir de babası vardı. Genç, yatsı namazını kılar kılmaz babasının yanına dönerdi. Gencin eve dönüş yolu üzerinde oturan bir kadın vardı. Kadın, gönlünü gence kaptırmıştı. Sürekli onun yoluna dikilir ama gençten umduğu cevabı alamazdı.

Bir gece genç, evine dönerken kadın yine karşısına çıktı. Bu sefer genç de kadının peşine takılıverdi. Tam kadının evinin kapısına geldiği ve içeriye adımını atacağı sırada Allah'ı hatırladı ve dilinden şu âyet dökülmeye başladı: "Allah'a karşı gelmekten sakınanlara şeytandan bir hayal ilişince hemen düşünüp kendilerini toparlar, basiretlerine tam sahip olurlar." (A'râf Sûresi, 201. âyet)

Delikanlı, bu âyeti okuya okuya yere yığıldı. Kadın, yardım etmesi için bir cariyesini çağırdı ve onu, evinin kapısına kadar götürdüler. Oraya oturttular ve babasına haber vermek için kapıyı çaldılar. Baba, oğlunu o vaziyette görünce hemen komşularını çağırdı. Komşular yetişip yardım ettiler ve genci eve aldılar. Uzun süre geçtikten sonra genç kendine gelince babası,

– Oğlum neyin var, ne oldu sana, dedi.

Genç önce,

– Bir şeyim yok baba, dedi ancak babası ısrar edince başına gelenleri bir bir anlattı.

Babası,

– Hangi âyeti okumuştun, dedi.

Genç, âyeti okudu ve yine kendinden geçti. Baktılar ki bu kez vefat etmiş. Yıkadılar ve geceleyin götürüp kabristana defnettiler. Sabah olduğunda olay, Hazreti Ömer'e intikal etmişti. Hazreti Ömer, gencin babasına geldi ve taziyelerini bildirdikten sonra,

– Bana neden haber vermediniz, diye sordu.

Dediler ki:

– Ey Mü'minlerin Emîri! Vakit geceydi, sizi rahatsız etmek istemedik.

Hazreti Ömer,

– Bizi onun kabrine götürün, dedi.

Daha sonra beraberindekilerle kabre vardı ve şöyle seslendi:

– Ey filân, Rabb'inin huzuruna çıkmaktan endişe duyan mü'mine iki Cennet var. (Rahman Sûresi, 46. âyet)

Kabrin içindeki genç, ona cevap verdi:

– Ey Ömer! Rabb'im, bana senin bahsettiğin Cennet'i iki kere verdi.

Konuşma Ahlâkı

Düşünmek ve konuşmak insanı diğer canlılardan ayıran en önemli iki vasıftır. Aralarındaki ilgi sebebiyle konuşma, sahibinin aklî seviyesini ve fikir yapısını gösteren pürüzsüz bir ayna gibidir. "Üslûb-i beyan aynıyla insan" derler eskiler. Kişinin konuşma tarzı, kullandığı kelimeler onunla ilgili bilgi veren şeylerdir. Yüce dinimiz İslâm, konuşma ile ilgili birtakım prensipler getirmiş, bunları yapanların ibadet sevabı alacaklarını söylemiştir.

İnanan insan her şeyden önce söze besmele çekerek ve Allah'a hamd ederek başlamalıdır. Allah'ın ismi ile başlayan her iş bereket bulacaktır. Allah Resûlü (sallallâhu aleyhi ve sellem) şöyle buyurur: "Besmele ile başlanmamış her mühim iş bereketsizdir." "Allah'ı anmaksızın çok konuşmak da kalbi katılaştırır. Katı kalpli olanlar ise Allah'tan en uzak kimselerdir."

İnsanlar duygu ve düşüncelerini, isteklerini çoğu kez konuşarak ifade ederler. Bir kimsenin kullandığı dil ve üslup, o kişiyi başarılı kılabildiği gibi zarara da uğratabilir. Hatta kişinin dilini muhafaza etmesi, Cennet'i elde etme vesileleri arasında zikredilmiştir. Resûl-i Ekrem (sallallâhu aleyhi ve sellem) buyuruyor ki: "Kim bana iki çenesi arasındaki (dili) ile iffet ve nâmusunu koruma sözü verirse, ben de ona cennet sözü veririm." Bir başka hadis-i şerifte "En faziletli kimdir?" sorusuna Resûlullah (sallallâhu aleyhi ve sellem), "Dilinden ve elinden Müslümanların emniyette olduğu kimsedir." Cevabını vermiştir.

Efendimiz'in (sallallâhu aleyhi ve sellem) hayat-ı seniyyelerinden çıkardığımız konuşma adabına dair usuller şunlardır:

Konuşma sırasında açık ve anlaşılır konuşmak, dinleyenin seviyesini göz önüne almak gerekir. Gerektiğinde önemli görülen ifadeler tekrar da edilmelidir. Sahabi Efendilerimiz Allah Resûlü'nün konuşmasını şöyle anlatır:

Allah Resûlü'nün (sallallâhu aleyhi ve sellem) konuşması her dinleyenin rahatlıkla anlayabileceği şekilde açıktı. Efendimiz (sallallâhu aleyhi ve sellem) konuştukları zaman onun kelimelerini saymak isteyen, çok rahat sayabilirdi. İyice anlaşılmasını istediği kelime ve cümleleri, üç kere tekrar ederdi. Sözün, muhatap tarafından iyice anlaşılabilmesi için bazen tekrar edilmesi gerekebilir. Kur'ân-ı Kerim'de tekrarlar hep bu hikmetler sebebiyledir.

Kendini başkalarına üstün gösterme gayesiyle yapılan konuşmalarda bulunmak veya insanların anlayamadıkları kelimelerle anlaşılmaz biri olduğu imajını vermek için konuşmak yasaklanmıştır. Peygamber Efendimiz (sallallâhu aleyhi ve sellem), "Şüphesiz ki Allah Teâlâ, sığırın otu yerken ağzında evirip çevirdiği gibi, sözü ağzında evirip çevirerek lügat paralayan kimselere buğz eder." buyurmuştur.

Bağıra çağıra, kulakları tırmalayan yüksek bir sesle de konuşulmamalıdır. Kur'ân-ı Kerim'in beyânıyla Lokman (Aleyhisselâm) oğluna söz konusu metodu şöyle tavsiye etmektedir. "(Yavrucuğum!) Yürüyüşünde tabiî ol ve sesini alçalt. Unutma ki seslerin en çirkini merkeplerin sesidir."

Bir başka âyette de:"Kullarıma söyle, en güzel sözü söylesinler!" buyrulmaktadır. Hatta Allah Teâlâ, Hazreti Musâ ile kardeşi Hârûn'u, Firavun'a gönderirken onu yumuşak bir sözle ikaz etmelerini istemiş, muhatap kâfir de olsa âdâb gereği güzel bir üslûbun kullanılmasını emretmiştir.

Bir hadis-i şerifte de; söylenecek güzel bir sözle bile Cehennem azabından kurtulma ihtimali olduğu ifade edilir: "Yarım hurma vermek sûretiyle de olsa Cehennem'den korunun. Bunu da bulamayan (hiç olmazsa) güzel bir sözle Cehennem'den korunsun!"

İki kişinin başkalarının yanında kendi aralarında fısıldamaları yasaklanmıştır. Resûl-i Ekrem Efendimiz böyle bir tavrın, yalnız kalan kimsenin üzülmesine sebep olabileceğini belirtmektedir. Türkçemizde güzel bir söz vardır: "Sus küçüğün, söz büyüğün." derler. Konuşma önceliğini her zaman büyüklere bırakmak gerekir. İlk söz hakkı meclisin büyüğüne aittir. Bununla birlikte diğer kişiler de yeri geldiğinde edebe uygun bir şekilde fikirlerini beyân edebilirler.

Nitekim bir hâdiseyi anlatmak için, yaşça en küçük olan Abdurrahman ibn Sehl ilk önce söze başlayınca, Efendimiz (sallallâhu aleyhi ve sellem) "Sözü büyüklerine bırak, sözü büyüklerine bırak." buyurmuş, bunun üzerine olayın meydana geliş şeklini büyükler anlatmıştır.

Abdullah bin Ömer de başından geçen şöyle bir olay anlatır: "Bir gün Allah Resûlü ashâbına,

– Bana mü'mine benzeyen bir ağacı söyleyin, buyurdu.

Oradakiler çölde bulunan ağaçları tek tek saymaya başladılar. İçime Allah Resûlü'nün sorduğu ağacın hurma ağacı olduğu düştü ve hemen söylemek istedim. Ancak orada benden yaşça büyük insanlar bulunduğundan konuşmaktan çekindim. Onlar cevabı bilemeyip susup cevap vermediler, Efendimiz onun hurma ağacı olduğunu söyledi."

Konuşmalar az ve öz olmalı, lüzumsuz ifadelerden kaçınmalıdır. Argo diye tabir ettiğimiz sözler hiç söylenmemelidir. Diğer bir ifadeyle çok konuşmamayı, yerinde ve ölçülü konuşmayı âdet edinmek gerekir. Allah Teâlâ mü'minlerin mümtaz hasletlerini sayarken, "O kimseler ki boş söz ve işlerden yüz çevirirler." buyurmakta, lüzumsuz sözlerle meşgul olmayı fâsıklık ve dalâlet olarak nitelendirmektedir.

Peygamberimiz (sallallâhu aleyhi ve sellem) ise bir hadis-i şerifinde "Kendisini doğrudan ilgilendirmeyen şeyi terk etmesi, kişinin iyi Müslüman oluşundandır." buyurur.

Neticesi ve faydası olmayan, zararı bulunan konuşmalardan uzak durmak gerekir. Kur'ân-ı Kerim'deki "İnsan hiçbir söz söylemez ki yanında onu gözetleyen, yazmaya hazır bir melek bulunmasın." âyet-i kerîmesi, insanın kendisine bahşedilen hayatın kelime kelime hesabını vereceğine dikkat çekmektedir. Peygamber Efendimiz de "Allah'a ve âhiret gününe inanan, ya hayır söylesin ya da sussun!" buyurmuştur.

Hüsnüzan Asıldır

İnsanlar hakkında, mümkün olduğu nispette hüsnüzan etmek lâzımdır. Suizan ise pek çok kötülüğün kaynağıdır. Ayrıca iyi hâl esas; suç ise arızîdir. Buna göre kötülükler kendi emare ve delilleri ile ortaya çıkacağı âna kadar bir insan masum sayılır. Bizim de bu masumiyete saygılı olmamız gerekir. "Beraet-i zimmet asıldır = İspatlanmadıkça kişinin suçsuzluğu esastır." Demek olan kural, hukukun temel prensiplerindendir. Biz böyle davranmakla aynı zamanda, Hıristiyanlık'taki "zenb-i aslî" ye benzer şekilde herkesi mücrim görme gibi bir vartaya da düşmemiş oluruz. Ancak insanlar hakkında hüsnüzan ya da hüsnü şehadette bulunmanın belli ölçüleri vardır.

Meselâ, bazen hakkında senâvârî sözler sarf ettiğimiz bir insan, onu hazmedecek kadar olgun olmayabilir ve bizim onun hakkında söylediğimiz sözler, onun küstahlaşmasına bazen de başkalarının aldanmasına sebebiyet verebilir. Bu da Efendimiz'in ifadesiyle, o insanın boynunu kırma demektir. O hâlde bize düşen şey, herkes hakkında hüsnüzan etmekle beraber, onlara olduğundan fazla pâyeler yüklememek ve Cenâb-ı Hakk'a karşı da onu tezkiye etmemek şeklinde olmalıdır. Evet bazen hakkı olmadığı ölçüde hüsnüzan eder, Allah'a (celle celâluhu) karşı onu tezkiye etmiş oluruz; bazen de aşırı övgülerle küstahlaştırırız. Hele bir de kendini sıfırlayacak kadar bir olgunluğa erememişse... Vefat eden insanlar hakkında hüsnü şehadette bulunma da, aynı çerçevede değerlendirilebilir. Cenâb-ı Hak, Kur'ân-ı Kerim'de: "Sizin insanlar üzerinde şahitler olmanız, Resûlü'nde sizin üzerinizde bir şahit olması için sizi orta (dengeli) bir millet kıldı."(Bkz. Bakara Sûresi, 2/143) buyurmaktadır.

Hz. Ömer'in (radıyallahu anh) rivayet ettiği bir hadis-i şerife göre, Efendimiz'in (sallallâhu aleyhi ve sellem) yanından bir cenaze geçerken, oradaki insanlar cenaze hakkında senada bulunurlar. Bunun üzerine Allah Resûlü (sallallâhu aleyhi ve sellem):

"Vacip oldu, vacip oldu, vacip oldu." buyurur. Sonra arkadan bir cenaze daha geçer; onu da kötü sözlerle yâd ederler. Efendimiz (sallallâhu aleyhi ve sellem) yine aynı ifadeleri kullanır. Hz. Ömer (radıyallahu anh): "Ey Allah'ın Resûlü! Vacip olan nedir?" diye sorar.

Allah Resûlü de (sallallâhu aleyhi ve sellem) şu cevabı verir: "Öncekini hayırla yâd ettiniz ona Cennet vacip oldu. İkincisini kötülükle yâd ettiniz ona da Cehennem vacip oldu. Sizler Allah'ın yeryüzündeki şahitleri siniz."

Görüldüğü gibi hüsnü şehadet, mü'minler için âdeta dua olmakta ve Cenâb-ı Hak böyle bir hüsnüzandan dolayı o kulu affetmektedir. Ancak yukarıda da ifade ettiğimiz gibi, bunda da sınır korunmalı ve aşırı tezkiyelerden sakınılmalıdır.

Çünkü Allah Resûlü (sallallâhu aleyhi ve sellem), bir başka hadislerinde de, birinin Osman İbn Maz'un (radıyallahu anh) hakkında, "Cennetlik oldu." dediğinde onu ikaz eder ve: "Nereden biliyorsunuz? Ben peygamberim, bilmiyorum." buyurur. Oysaki Osman İbn Maz'un (radıyallahu anh), Efendimiz'in vefatına ağladığı iki-üç sahabiden biri ve Medine'de kendisine mânevî kardeş seçtiği tek insandır. Netice olarak diyebiliriz ki; insanlar hakkında hüsnüzan etme bir esas hâline getirilmeli ve bir disiplin olarak benimsenmelidir; benimsenmeli, zira hamlığımızın gereği, herkes hakkında hüsnüzan edemeyebiliriz; ama İslâmiyet'e ait çoğu meselede olduğu gibi böyle bir düşünce tarzı da işletile işletile insan tabiatının bir parçası hâline getirilebilir. Bu hususta kendini zorlamayan bir insanın, bu şuura ulaşması çok zordur. Suizan, biraz da psikolojik bir meseledir. Yani devamlı kendisini başarılı görüp beğenen bir insan, hiçbir zaman başkalarını beğenmez ve takdir edemez. Bu hâl ise apaçık bir hastalıktır.

Araştırıldığında bu insanların beyinlerinin ukdelerinde bir kısım nodulların olduğu görülecektir. Toplumun selâmeti için bu tiplerin çok iyi bir psikiyatrist tarafından tedavi edilmesi gerekir. Zira psikolog ve pedagoglar, en kötü karakterlerin bile, belli bir terbiyeden geçince, kötü duygularının baskı altına alınabileceğini ifade ederler. Sözlerimizi, Bediüzzaman'ın şu altın sözüyle noktalayalım: "Tezkiyesiz nefs-i emmaresi bulunmak şartıyla, kendi nefsini beğenen ve seven adam başkasını sevmez."

Giyinmenin Gösteriş Vesilesi Yapılması

Giyim-kuşamı insanlara karşı bir gösteriş vesilesi yapmanın hoş bir davranış olmadığı, Cenâb-ı Allah katında da hoş karşılanmayacağı hadis-i şeriflerde ifade edilmiştir.

Abdullah İbn Ömer'den (radıyallahu anhumâ) rivayet olunduğuna göre, Allah Resûlü (sallallâhu aleyhi ve sellem) şöyle buyurmuştur: "Kim dünyada meşhur olmaya vesile olan bir elbise giyerse Allah kıyamet günü o kimseye bir zillet elbisesini giydirir, sonra o elbise içinde bir ateş alevlendirir."

Hadis-i şerifte bahsi geçen elbiseler, insanlar içinde meşhur olmak için giyilen süslü, pahalı, şık elbiseler olabileceği gibi, insanların dikkatlerini çekmek, zühd ve takva gösterisinde bulunmak, fakir görünmek gibi niyetlerle giyilen eski püskü elbiseler de olabilir. Bu gaye ile elbise giymekten sakınmak gerekir.

Şükrü Eda Etme Mânâsında İyi Elbise Giyilmesi

Amr İbni Şuayb (radıyallahu anh) babasından ve dedesinden rivayet ettiğine göre, Resûlullah şöyle buyurdu: "Şüphesiz ki Allah, verdiği nimetinin eserini kulunun üzerinde görmekten hoşlanır."

Allah'ın kulunun üzerinde nimetinin eserini, belirtisini görmek istemesi bir bakıma giyimle de ilgilidir ve herkesin maddi imkânları ölçüsünde giyinmesi gerektiğini de anlatır. Fakir bir kimse imkânları ölçüsünde aldığı şeyleri giyecek ki fakir, yardıma muhtaç olduğu anlaşılsın ve kendine yardım edecekler kendisiyle ilgilensin. Zengin de kendi varlığını yansıtacak şekilde giyinecek ki hem Cenâb-ı Allah'a karşı şükrünü yerine getirmiş hem de bu varlıklı görüntüsü itibariyle ihtiyaç içinde olmadığını göstermiş olsun. Netice itibariyle herkes imkânı nispetinde giyinmeli, alay edilecek derecede giyinmemeye de özen göstermelidir.

Dışarıda Dağınık Kıyafetle Dolaşılması

Allah Resûlü, ashabının kıyafetinin düzgün olmasını isterdi. Bu sebeple maddi imkânı olduğu hâlde dağınık, pejmürde vaziyette dolaşan kişileri ikaz ederdi. Ashab-ı Kiramdan Malik İbni Nadle başından geçen bir hâdiseyi şöyle anlatmaktadır: Bir gün dağınık bir kıyafetle Allah Resûlü'nü ziyarete gitmiştim. Beni bu şekilde gören Efendimiz sordu:

– Senin malın mülkün var mı?

– Evet, var yâ Resûlallah, dedim. Allah Resûlü (sallallâhu aleyhi ve sellem):

– Ne gibi malın var, dedi. Ben de:

– Allah bana deve, koyun, at sürüleri, arpa ve buğday harmanları ihsan etmiştir, dedim. Bunun üzerine Resûlullah:

– Allah sana mal, mülk ihsan etmişse O'nun nimetinin ve ikramının eseri üzerinde görünsün, buyurdu.

Buradan da anlaşılıyor ki Müslüman, hâli ve imkanı neye imkan veriyorsa ona uygun bir giyim kuşamı tercih etmelidir.

Hayvan Resmi Bulunan Elbiselerin Giyilmesi

Üzerine insan veya hayvan resmi bulunan elbiselerin giyilmesine de müsaade edilmemiştir. Efendimiz'in suret ve köpek bulunan evlere meleklerin girmeyeceğini bildirdiği ve resimli örtülerin kaldırılmasını istediği bilinmektedir. Buna rağmen üzerinde cansız varlıkların işlemelerinin, desenlerinin bulunduğu elbiseleri kendileri de kullanmışlardır.

Sohbet Âdâbı

Sohbet, ortak bir dille dertleşmek ve hayatı paylaşmaktır. Bu paylaşımda yürekler benzer duygu ve heyecanlarla, hep aynı meseleler etrafında çarpar. Peygamber Efendimiz, ashabını öncelikle Dâru'l-Erkam'da yapmış olduğu sohbetlerle yetiştirmiş ve onları geleceğe hazırlamış, daha sonra da bu sohbetlerini hayatının sonuna kadar devam ettirmişti. Özellikle felaket ve helaket asrında yaşayan bizlerin günümüzde ekmek ve su kadar sohbete ihtiyacımız vardır.

Öyleyse zaman zaman yakın dost ve arkadaşlarımızla bir araya gelmeli, ilmine, irfanına güvendiğimiz insanları çağırıp onlardan istifade etme yoluna gitmeliyiz.

Sohbetlerimizde şu hususlara dikkat etmeliyiz:

1. Sohbet başlamadan evvel sohbet yeri ayarlanmalı, sehpa ve bir bardak su hazır bulundurulmalı.

2. Sohbet başlamadan sohbete manen hazırlık yapılmalıdır.

3. Sohbet esnasında sohbetin havasını bozacak hâl ve tavırlardan sakınmalıdır. Gayr-i ihtiyâri olarak gelen esneme, hapşırma gibi durumlarla zorunlu konuşmalar belli bir edeple yapılmalıdır.

4. Oturmalarımıza dikkat etmeli. Edep dışı oturmalarda bulunmamalıyız.

5. Şayet ihtiyaç varsa sohbet bitiminde konuşmacıya sorular sorulmalı.

6. Sohbet bittiği zaman sohbeti yapan konuşmacı kalkmadan kalkılmamalı ve ortalıklarda dolaşılmamalı.

7. Sohbetten sonra gideceksek müsaade istenilmeden gidilmemeli.

Yardımlaşmada Birbirinizle Yarışın!

Gerek Kur'ân'ın bu noktadaki emir ve tavsiyelerinden gerekse hadislerde yerini bulan ifadelerden hareketle Sahabe-i Kiram efendilerimiz, her biri bir cömertlik yarışına girmişçesine ve heyecanla başkalarının imdadına koşmuşlar ve daha fazla hayırda bulunabilmenin mücadelesini vermişlerdir. Zaten içlerinde tutuşan iman meşalesiyle önleri aydınlanan bu gönül insanlarından, farklı bir uygulama da beklenemezdi. Şayet bugün biz de, sosyal hayatımızda hayır adına bir hareketlenme bekliyorsak, her alanda olduğu gibi bu meselede de Sahabeyi örnek almalı ve onlar gibi verme yolunda kahramanlar yetiştirmeliyiz. Bugün için, farklı yer ve zamanlarda oluşan değişik yardımlaşma organizasyonlarında, bunun misallerini görüyor olmamız, istikbalimiz adına ümit kaynağı olmaktadır. Örneklerini kendi içinden çıkarmada muvaffak olan milletlerin, istikbal adına varacağı noktayı kestirmek çok zor olmasa gerek. Bugün bizim, sayılarla ifade edebildiğimiz müşahhas misalleri Sahabe, umuma yaymış ve "yarışacak insanlar işte bunun için yarışmalı" diyerek ulaşılmaz bir cömertlik eforu sergilemişlerdir.

Maddî imkânsızlıklar sebebiyle cihada katılamadığından dolayı gözyaşı döken ve bu sebeple samimiyetleri, Kur'ân'da âyet olarak yerini bulup bize anlatılan bu Altın Nesil, hayır elde etmede ciddi bir yarış içindeydi. Bu sebeple zenginlerin, mallarıyla geldikleri noktaya kendilerinin ulaşamadıklarını ve dolayısıyla sevap itibariyle de hep onlardan geri kaldıklarını bildiren fakir Sahabilere karşı Allah Resûlü (sallallâhu aleyhi ve sellem), onları da aynı dereceye ulaştıracak ameller tavsiye etmiş, aynı tavsiyeyi duyduktan sonra onu, kendileri de uygulayan zenginlere karşı da, bunun bir lütf-u ilahi olduğu tenbihinde bulunmuştur:

Hadiseyi Ebû Hureyre (radıyallahu anh) anlatıyor: Muhacirlerin fakirleri Resûlullah'a gelerek; "Mal-mülk sahipleri yüce derecelere ve ebedi nimetlere ulaştılar" dediler. Allah Resûlü (sallallâhu aleyhi ve sellem), "Neden?" diye sordu. Onlar, "Bizim gibi namaz kılıyor, oruç tutuyorlar. Aynı zamanda onlar tasaddukta da bulunuyor, biz aynı şeyi yapamıyoruz.

Onlar, köle azad ediyor biz bu imkâna sahip değiliz" cevabını verdiler.

Bunun üzerine Resûlü Ekrem (sallallâhu aleyhi ve sellem), "Size, sizi geçenlerin derecesine ulaştıracak, sizden sonrakileri de geçecek ve sadece sizin yaptığınızı yapanların sizi geçebilecekleri bir şey öğreteyim mi?" buyurdular. "Evet yâ Resûlallah" dediler. Allah Resûlü (sallallâhu aleyhi ve sellem), "Her namazın arkasından 33 defa Sübhânallah, 33 defa Elhamdülillah ve 33 defa da Allahü Ekber derseniz (bunu elde edersiniz)" buyurdular.

Aradan belli bir zaman geçince fakir muhacirler yine Resûlullah'a geldiler ve, "Bizim yaptıklarımızı, mal-mülk sahibi zengin kardeşlerimiz de işitmiş ve bizim yaptıklarımızı yapıyorlar." Deyince Allah Resûlü (sallallâhu aleyhi ve sellem), "Bu, Allah'ın dilediğine verdiği bir fazlıdır" buyurdular.

Gerçi Allah Resûlü (sallallâhu aleyhi ve sellem) başka bir hadisleriyle, onların bu endişelerini de dindirecek ve kendilerine sevap kazanma yollarını da gösterecekti. O'nun bu istikamette verdiği müjdeye göre, mal ve mülkü olmadığı halde, mal ve mülkünü Allah yolunda harcayanlara bakarak ve içten gelerek halis bir niyetle "Benim de olsaydı, ben de falan gibi dağıtır, verirdim." ufkuna ulaşanlar da, aynen diğerleri gibi sevap kazanmaktadırlar. Halis niyetin ölçüsü olması bakımından, elindeki 100 lirada 10 lirayı verebilenin, milyarda milyonu verebileceği kıyası önemli olsa gerektir. Sahabenin genelinde aynı havanın hakim olması yanında biz, sadece Hz. Ebû Bekr ve Hz. Ömer'in, ellerindeki imkânları Allah yolunda sarf etme yarışını anlatan meşhur hadiseyi zikretmekle yetinelim: Hz. Ömer (radıyallahu anh) anlatıyor:

Resûlullah (sallallâhu aleyhi ve sellem), bizden tasaddukta bulunmamızı istemiş ve bu, tam da elimde mal bulunduğu bir zamana denk gelmişti. Kendi kendime, "Ebû Bekr'i geçersem işte bugün geçerim." dedim ve malımın yarısını alarak Resûlullah'a götürdüm. Bana:

– Ailene ne bıraktın, diye sordu. Ben de:

– Bunun bir mislini, cevabını verdim.

(O esnada) Ebû Bekr, elindeki malının hepsini alıp getirmişti. Resûl-ü Ekrem (sallallâhu aleyhi ve sellem), aynı soruyu ona da sordu. Ebû Bekr (radıyallahu anh) ise:

– Onlara Allah ve Resûlü'nü bıraktım, dedi.

Bunun üzerine, hayır yarışında ebediyyen Ebû Bekr'i geçemeyeceğimi anladım.

İşte onlar vermeyi böyle anlamışlardı ve hayatlarını bu yörünge istikametinde devam ettirerek Cenâb-ı Hakk'ın rızasını kazanmışlardı.

Komşu İlişkileri

Yüce dinimiz komşumuzun kimliği ne olursa olsun güzel ilişkiler kurmayı emretmektedir. Kur'ân-ı Kerim'de "Yalnız Allah'a ibadet edip O'na hiçbir şeyi ortak koşmayın! Anneye, babaya, akrabalara, yetimlere, fakirlere, yakın komşulara, uzak komşulara, yol arkadaşına, garip ve yolculara, ellerinizin altındaki köle, cariye, hizmetçi, işçilere de güzel muamele edin! Bilin ki Allah kendini beğenen ve övünüp duran kimseleri sevmez" buyrulur.

Allah Resûlü (sallallâhu aleyhi ve sellem) de,

– Cibril devamlı olarak bana komşuyu tavsiye ediyordu, hatta zannettim ki, Cibril, komşuyu komşuya vâris kılacak, buyurmuştur.

Allah Resûlü (sallallâhu aleyhi ve sellem) komşusuyla iyi geçinemeyen kimselerin Cennet'e giremeyeceğini belirtmiştir: "Kimin kötülüklerinden komşusu emin olmaz ise, o Cennet'e giremez !"

Abdullah ibn Ömer'in anlattığına göre, Allah Resûlü (sallallâhu aleyhi ve sellem) bir gazveye çıkmıştı. Yolda,

– Bugün, komşusuna eziyet eden kimse bize katılmasın, buyurdu.

Adamın biri:

– Ben komşumun duvarının dibine abdest bozmuştum, deyince Allah Resûlü (sallallâhu aleyhi ve sellem),

– Bugün bize katılma, buyurdu.

Allah Resûlü (sallallâhu aleyhi ve sellem) ashabını komşuluk münasebetleri hususunda daima ikaz eder, onlara bu konuda riayet etmeleri gerekenleri detaylarıyla öğretirdi. Hazreti Ebû Zer'in (radıyallahu anh) anlattığı bir rivayette diyor ki: "Dostum, halilim Resûlullah (sallallâhu aleyhi ve sellem) bana şöyle vasiyet etti:

– Çorba pişirdiğin zaman suyunu çok koy. Sonra da komşularını gözden geçir ve ihtiyacı olanlara güzel bir şekilde takdim et!"

Bu hadîs-i şerîfte yemeklerin en sadesi olan çorbadan bahsedilmesi mecâzîdir. "Hiçbir şeyin olmasa, sadece çorban bulunsa bile, komşularına ondan bir pay ayır." denmek istenmiştir. Ayrıca bilhassa varlıklı kimseler, evlerinde bolca bulunan ama fakir komşularının tadamadığı yiyeceklerden onlara ikram etmesini bilmelidirler. Allah Resûlü (sallallâhu aleyhi ve sellem) bir başka hadis-i şeriflerinde, "Yanı başında komşusu açken kendisi tok yatan kimse mü'min değildir." buyurmuştur.

Peygamberimiz (sallallâhu aleyhi ve sellem) basit bir şey dahi olsa komşuların birbirlerine ikramda bulunmaları gerektiğini ifade sadedinde hanım sahabilere şöyle seslenmiştir: "Ey Müslüman kadınlar! Komşu hanımlar birbirlerine ikramda bulunmayı küçümsemesin! İkram edilen şey bir koyun paçası bile olsa."

Efendimiz (sallallâhu aleyhi ve sellem) Müslüman hanımlara, ikram edilecek şey son derece sade olsa bile "Canım bundan da hediye mi olurmuş!" diye düşünmeden komşuya göndermelerini tavsiye etmektedir. İkram edilen komşunun da kendisine takdim edilen şeyi küçük görmemesi, büyük bir minnettarlık içinde kabul etmesi lâzımdır. Basit gibi gözüken bu tavrın bir ibadet hüviyetine sahip olduğu unutulmamalı, Peygamberimiz'in komşuya iyilikle ilgili emir ve tavsiyeleri hatırlanarak, niyetler ona göre tashih edilmelidir. Nitekim O'nu takip eden ashabı hep bu doğrultuda hareket etmeye çalışmıştır.

Allah'ı Niçin Göremiyoruz?

Allah'ı göremeyişimizin pek çok sebebi vardır. Bunları dört madde hâlinde özetlemek mümkündür:

1. Yaratılış kapasitemiz Allah'ı görebilecek bir güçte değildir. Çünkü görme, ihâta yani her şeyiyle kuşatma, içine alma meselesidir. Mesela mikro alemde virüsleri, bakterileri, makro alemde ise kâinatın tamamını göremiyoruz. Gözlerimizin bir görme kapasitesi vardır ve bu konuda onlar yetersiz kalırlar. Onun için Kur'ân-ı Kerim'de "O'nu gözler ihata edemez; O (nun ilmi) ise bütün gözleri ihâta eder." (En'am, 6/103) buyurulmaktadır.

2. Allahu Teâlâ'nın benzer ve zıddı yoktur. Bizim varlık âleminde bir şeyi görüp onu bilmemiz o şeyin benzerinin veya zıddının olması sebebiyledir. Soğuk olmasaydı, sıcağı, ışık olmasaydı karanlığı bilemezdik. O yüzden Allah'ı kavrayabilmemiz mümkün değildir. Çünkü O'nun varlıkta ne bir benzeri ne de bir zıddı vardır. Nitekim Cenâb-ı Hak da "Onun benzeri hiçbir şey yoktur." (Şûra, 42/11) buyurarak bu hakikati dile getirir.

3. Rabbimiz şiddet-i zuhûrundan dolayı gizlidir. Yani Rabbimiz, gözün görme sınırlarını aşan bir tarzda meydana çıkmasından, azamet ve ihatasından dolayı gizlenmiştir. Bunu güneş misaliyle anlatmaya çalışalım: Eğer güneşi bütün gökyüzünü kuşatacak, dünyanın dört bir yanına ışıklarını verecek derecede büyütmek mümkün olsaydı, artık onu görmemiz mümkün olmazdı. Çünkü güneşin sürekliliğiyle, gece ortadan kalkıp her an gündüz olacağı

için, güneşin ne olduğunu bilmemiz, ışıktan söz etmemiz de mümkün olmayacaktı. Hem güneş, hem de ışığı, zuhurunun şiddetinden (yani varlığını an be an ve yoğun bir biçimde göstermiş olması sebebiyle gizlenmiş olacaktı. Tasarrufu dışında bir ânın dahi düşünülemeyeceği Allah da, varlığını kâinatta kesintisiz olarak her an, her saniye, hayat, ilim, rahmet, irade ve kudret gibi sıfatlarıyla öyle şiddetli hissettirmektedir ki, varlığı, -gaflet sahiplerinin nazarında düşünülemez ve hatıra getirilemez oluyor.

4. İmtihan dünyası bunu gerekli kılmaktadır. Herkes, gözüyle Allah'ı görseydi o zaman imtihan sırrı ortadan kalkardı. Bu durum imtihan yapan bir öğretmenin, soruları sorduktan sonra cevabını yazdırmasına benzerdi. Maksat inananla inanmayanın, iyiyle kötünün ortaya çıkması olduğuna göre Allah, imtihanın gereği olarak kendisini gizlemiş, ama eserleriyle varlığını akıl gözlerimize sunmuştur.

Cihad, İrşad ve Tebliğ

Din, namus, vatan ve milleti koruyup kollamayı, bu uğurda mücadelenin bir cihad, cihadın da erişilmez bir kulluk vazifesi olduğunu fevkalâde bir muvazene içinde insanlığa tebliğ eden, Hz. Muhammed (sallallâhu aleyhi ve sellem)'dir. (M. Fethullah Gülen)

Cihad Ne Demektir?

Cihad, her türlü meşakkat ve zorluğa göğüs gerip, çalışmak, çabalamak ve gayret etmek gibi mânâlara gelir.

Diğer bir ifadeyle cihad, Allah'la kullar arasındaki engelleri kaldırmaya matuf gösterilen her türlü gayrettir. Allah yolunda yapılan bütün çalışmalar, Allah'ın adı/dini yükselsin, herkes duysun ve bilsin diye gösterilen gayretler, O'nun dini İslâm'ı savunmak için ortaya konan çabalar bütünüyle cihad diye isimlendirilir.

Mü'minin, Allah tarafından kendisine emanet olarak verilen bedenini, malını ve zihinsel imkânlarını Allah yolunda harcaması ve İslâm yolunda kullanması cihaddır. Kelimenin sözlük anlamından da anlaşıldığı gibi cihad bir saldırı değil, olabilecek bir saldırıya karşı yapılan bir savunmadır. Bu saldırıyı savabilmek üzere çaba göstermek, çalışmaktır. O, bir anlamda insanın mutluluğuna giden yoldaki engelleri kaldırmaktır.

Diğer bir tarife göre cihad; hayatın gayesi olarak Allah'a kulluk etmek, dinî emirleri öğrenip Allah ve Resûlü'nün koyduğu ölçülerin hayatımıza uygulanmasına çalışmak, İslâm'ı diğer insanlara tebliğ etmek, yani iyiliği emredip kötülükten sakındırmaya çalışmak, başta kötülükleri emreden nefse ve dış düşmanlara karşı mücadele vermek, İslâm ülkesini ve Müslümanları her türlü tehlike ve saldırılara karşı savunmaktır.

Bu konuda, cihad kapsamlı bir anlam taşımakta; kalp, dil, el gibi her vasıta ile yapılabilmektedir. Cihadın savaştan ibâret olduğunu düşünmek, gerçeği yansıtmadığı gibi, cihada yalnız savaş anlamının verilmesi, Kur'ân ve sünnette ifâde edilen anlam ve kapsamı bakımından eksik ve yanlış sayılır.

Cihadın gayesi insanlara Allah'ın adını ulaştırabilmek, Hakk bayrağını yüceltmek, insanları baskılardan ve zulümlerden kurtarmak, İslâm ile insanların arasındaki engelleri ortadan kaldırmak, onların rahat bir şekilde İslâm'ı tanımalarına fırsat vermektir.

Cihadın hükmü, İslâmî kâidelere göre, içinde bulunulan şartlar itibariyle değişkenlik arz eder. Cihad, bazı hâllerde farz-ı ayn, bazı hâllerde ise farz-ı kifâyedir. Müslümanlar içinden sadece bir grup, cihadın gayesini gerçekleştirebiliyor; Müslümanların yurt, mal, ırz, namus ve haysiyetlerini düşmanlara karşı koruyabiliyorsa o takdirde cihad farz-ı kifâye olmuş olur ve diğer Müslümanların üzerinden sorumluluk kalkar.

Fedakârlık Sadece Allah Rızası Gözetilerek Yapılmalı

Yapılan her türlü fedakârlık, ihlas yörüngeli olmalı, fedakârlık yapılan kişi veya toplum minnet altında bırakılmamalıdır. Gerçek fedakârlık, insanlardan maddi ya da manevi hiçbir karşılık beklemeden, yalnızca Allah'ın rızası hedeflenerek yapılır. Cenâb-ı Hak böylesi kullarını Kur'ân-ı Kerim'de şu ifadelerle anlatıyor: "Allah'ın rızasını kollamak ve ruhlarındaki imanı kökleştirmek için mallarını harcayanların durumu ise bir tepedeki güzel bir bahçenin hâline benzer.

Bir bahçe ki ona bol yağmur yağar, meyvelerini iki kat verir. Bol yağmur düşmese de hafif bir yağmur, bir çisinti de yetişir. Allah ne yaparsanız hepsini görür." (Bakara, 2/265)

Bir başka âyette ise müminlerin fedakârlık yaparken gösterdikleri ihlâslı tavırları ve yalnızca Allah'ın rızasını gözetmeleri, "Sadece ve sadece Yüce Rabbi'ni razı etmek ister. Kendisi de ahirette elbette hoşnut olur." (Leyl, 92/20-21) ifadeleriyle anlatılır. Diğer bir âyet-i kerimede ise fakirliğe düşme endişesiyle fedakârlık yapmaktan, başkalarına iyilikte bulunmaktan kaçınan kimselerin ise ahirette azaptan kurtulabilmek için, tüm sahip olduklarını, biriktirip sakladıklarını fidye olarak vermek isteyecekleri ama bunların hiçbirinin kabul görmeyeceği ifade edilir.

Arkadaş Uğruna Hayatını Feda Etti

Müminler arasındaki kardeşlik ve vefanın en canlı safhaları Asr-ı Saâdet'te sergilenmiştir. İnsanlığın bir daha erişemeyeceği en cihandeğer altın sayfaları gözler önüne sermişlerdir. İsar hasleti denilen bu sıfatı Kur'ân övmüştür: "Kendileri zaruret içinde bulunanlar bile, onları kendilerine tercih ederler." (Haşr, 59/9)

Tefsirlerde, "Kardeşlerinizin nefislerini nefsinize, şerefte, makamda, teveccühle, hatta maddi menfaatler gibi nefsin hoşuna giden şeylerde tercih ediniz." şeklinde izahı bulunan bu hakikat tarihimizin her devrinde yaşanmış, canlı örnekler verilmiştir.

İslâm sancağını Asya'nın içlerinde dalgalandıran Babürlüler devri de bu gibi vefa ve fedakârlık numuneleriyle doludur. On altıncı asrın başlarında bugünkü Hindistan-Pakistan bölgelerinde hüküm sürmüş olan Babür Şah ve torunları İslâm-Türk tarihine pek çok hizmette bulunmuşlardır.

O devrin meşhur ve kıymetli kumandanlarından Bayram Han, birçok muharebelerde kahramanlıklar göstermişti. Afganlılarla yaptığı savaşlarda da büyük başarılar elde etmiş, fakat bir seferinde esir düşmüştü. Afgan kumandanı önceleri Bayram Hana anlayışlı davranmış, iyi muamelede bulunmuştu. Hatta üstün kahramanlığına saygısından dolayı serbest bırakmayı bile düşünmüştü. Lâkin Bayram Han bir seferinde tedbirsiz davranıp Afganlılar aleyhinde tasarladığı bir plânını ağzından kaçırdı. Bundan sonra kendisine tatbik edilen muamele tamamen değişti. Serbest bırakılacağı yerde, idamına karar verildi.

Hakkında verilen hükmü sezen Bayram Han, bir fırsatını buldu ve silâh arkadaşı Kasım Bey'le plân hazırlayarak kaçtı. Kaçtıkları haber alınır alınmaz peşlerine düşüldü. Fazla uzaklaşmalarına meydan vermeden Afgan askerleri tarafından yakalandılar. Onları yakalamak için vazifelendirilen askerler, aldıkları emir icabı Bayram Hanı öldüreceklerdi. Fakat Bayram Hanla Kasım Bey'i birbirinden ayırt edemiyorlardı. Biraz daha cüsseli olan Kasım Bey'i Bayram Han sandılar. Onu öldürmek için hazırlanmaya koyuldular. Vaziyeti fark eden Bayram Han, canının kurtulması pahasına da olsa arkadaşının kendisi yerine öldürülmesine razı olmadı. His dünyası allak bullak oldu. Kendini toparladı ve birlik kumandanına seslendi:

"Yanılıyorsunuz, Bayram Han o değil, benim. Onu benim yerime öldürmeyin!"

Kasım bey hâline razı görünüyordu. Hiç itiraz etmeden idam kararını kabule hazırdı. Fakat Bayram Han'dan böyle bir çıkış duyunca reddetti. Babürlerin kahraman bir kumandanı olan Bayram Han'ın öldürülmesini istemiyordu. Onu memleketi için daha lüzumlu ve faydalı görüyordu. İsar hasletini bütün vücudunun zerrelerine nakşeden Kasım Bey gayet soğukkanlıydı. İleri atıldı. Eliyle Bayram Hanı göstererek:

"Şu sadık hizmetkârıma bakın" dedi. "Beni kurtarmak için kendisini yerime koymaya çalışıyor. Hayatını benim uğruma tehlikeye atıyor. Birlik komutanına dönerek şunları söyledi.

"Sizden rica ediyorum, onu serbest bırakın, gitsin. İtiraf ediyorum: Bayram Han benim, o değil..."

Birlik kumandanı, Kasım Beyin telaşlanmadan, sakin bir şekilde kesin olarak söylediklerine inandı ve asıl Bayram Hanı serbest bıraktı. Çok korktukları ve kısa zaman sonra tekrar karşılarına çıkacak olan büyük kumandan elini kolunu sallayarak uzaklaşırken, fedakâr Kasım Bey idam ediliyor, bir vefa timsali daha tarih sayfasına geçiyordu.

Mesuliyet Şuuru Ne Demektir?

Âlimlerimiz, mesuliyeti (sorumluluğu) bir insanın görevlerini yerine getirip getirmediği, iman, amel, söz, fiil ve davranışlarının doğru olup olmadığı konusunda hesaba çekilmesi şeklinde tarif ederler. Zaten insanı diğer canlılardan ayıran en önemli özelliklerden birisi de ondaki bu sorumluluk şuurudur. Nitekim insan, akıl ve irade sahibi, sorumlu ve inanan bir varlıktır.

Mümin, mesuliyet insanıdır. O'nun Allah'a, Peygamber Efendimiz'e ve bütün Müslümanlara karşı bir sorumluluğu vardır. Bu sorumluluk kendisini, yeri geldiğinde Allah için koşturma, yeri geldiğinde ise güzel ahlâkını gösterme şeklinde gösterir.

İnanan her Müslüman Allah'a verdiği sözde durmalı ve bu sorumluluğunun bilincinde hareket etmelidir. Peki, biz Allah'a ne söz vermiştik? Rabbimize karşı O'nun Rabbimiz olduğuna dair verdiğimiz söz[1] ile ibadet ve kulluk için gönderildiğimiz gerçeğini düşündüğümüzde nasıl bir sorumluluk içinde olduğumuzu daha iyi anlarız. Rabbimiz şöyle buyuruyor: "Hâlbuki daha önce düşmandan kaçmayacaklarına dair Allah'a yemin ederek söz vermişlerdi. Allah'a karşı verilen o ahitlerin hesabı elbette sorulacaktır." (Ahzab, 33/15)

Müfessirlerimiz âyette geçen "düşmandan kaçmak" ifadesinin maksatlarından birisinin Allah için koşturmayı terk etmek olduğunu söylemişlerdir. Nitekim Allah

Resûlü, en büyük yedi günahtan birinin Allah için yapılan mücahedede er meydanından kaçmak olduğunu belirtmektedir. Bilhassa şu zamanda Allah'ın yüce ismini yüceltmek mânâsına çaba içinde olmak bir Müslümanın en büyük sorumluluklarından birisidir. Bu çaba, yukarıdaki âyette anlatılan ahit ve söz vermenin günümüzde çok önemli bir yansımasıdır. Unutmamak gerekir ki Rabbimiz bütün Müslümanları, gücünün yettiği fakat buna rağmen yapmadığı şeylerden de hesaba çekecektir.

Bunu Rabbimiz şöyle anlatır: "Allah hiçbir kimseyi güç yetiremeyeceği bir şekilde yükümlü tutmaz. Herkesin kazandığı iyilik kendi lehine, işlediği fenalık da kendi aleyhinedir." (Bakara, 2/286) Mesuliyet duygusu kendisinde yerleşmiş bir insan, bu âyeti hiçbir zaman unutmaz, gereği ile hareket eder. Bu âyet, sorumluluk sahibi, dinine hizmet etmek isteyen her kimse için ciddi bir ikaz taşıdığı gibi çok önemli bir ölçüyü de anlatır:

Güç yetirilebilinen hususlardan sorguya çekilme gerçeği. Cenâb-ı Hakk'ın mümin kuluna verdiği en büyük nimet, şüphesiz ki iman nimetidir. Malum her nimet kendi cinsinden şükür ister. İman nimetinin şükrü, bu nimeti başka muhtaç sinelere götürmekle mümkün olacaktır. Bir müminin en büyük sorumluluğu işte bu duygu ve düşüncedir. Bir dönemde sahabe ile temsil edilen bu şerefli vazife, bugün Rabbimiz'in bir ihsanı olarak günümüzün inanmış sinelerinin omuzlarına yüklenmiş durumdadır. Elbette ki sahabe rolünü üstlenmek çok ağır, ancak bir o kadar da şerefli bir vazifedir.

Mesuliyet duygusuna sahip bir mümin, kendisine düşen vazifesini idrak eden, kulluğun ağırlığı altında belinin kemikleri çatır çatır çatırdayan, ibadet şuuruyla her an iki büklüm yaşayan insandır. Nitekim Efendimiz, "Eğer benim bildiğimi bilseydiniz çok ağlar az gülerdiniz!" buyurur. O, kulluğun bu ağır mükellefiyeti ve mesuliyeti altında inim inim inliyordu. Peki biz? Acaba biz, ne durumdayız? Mesuliyetimizin ne kadar farkındayız?

Cihadı Engelleyen Hususlar Nelerdir?

Her hayır gibi, cihadın da birtakım engelleri vardır. Bunlardan birincisi nefsimiz, ikincisi şeytan, üçüncüsü de düşmanlarımızdır. Nefsin süflî/kötü arzularına karşı çıkmak cihaddır. Şeytanın telkinlerine kapılmayarak istikâmet çizgisinde yürümek cihaddır. İman ve hidâyet yolunu kapamaya çalışan düşmanlarla savaş yapmak da cihaddır. Her üçünde de niyet "Allah rızası" olacaktır. İnsanları cihad vazifesinden alıkoyan, hayata ve hayatın lezzetlerine bağlılıktır. Rahatını terk edemeyen, şahsî zevklerinden fedakârlıkta bulunamayan bir insandan cihad gibi büyük vazifeler beklenemez. Beklense de boşunadır. Zira büyük vazifeleri, ancak maddî-manevî zevklerinden fedakârlıkta bulunan insanlar yapabilir.

Maddî-manevî fedakârlıkta bulunamayan ve bu mevzuda daha baştan verilmiş herhangi bir kararı olmayan insana gelince, biz ondan hiçbir şey bekleyemeyiz. Beklemek bir yana, sahnede görüldüğü andan itibaren başımıza getireceği problemlerden endişe ederiz. Dünyevî zevklerini terk edememiş, Cenâb-ı Hakk'a yönelip: "Senin yolunda ölmek bile ne tatlı" diyemeyen bir insanın mücadele vereceğine, mücadelesinin bir işe yarayacağına, onun Müslümanlık hesabına kurtarıcı bir rol oynayacağına inanmıyoruz; inanamayız da. Biz, ancak, kendi şahsını, şahsî zevklerini, hatta yurdunu-yuvasını terk etmişlerin; sahâbe gibi kapısına kilit vurup evinden ayrılmışların, bedenî ve cismânî zevkleri aşmışların mücadelesine, kavga ve cihadına inanıyoruz ve beklediklerimizi de Allah'ın yardımına sebep saydığımız o insanlardan bekliyoruz.

İnsanımız, vereceği mücadeleyi Kur'ân'ın ön gördüğü şekilde ele almalıdır. Kur'ân-ı Kerîm bu konuda şöyle der: "Ey imân edenler! Size ne oldu da "Allah yolunda savaşa çıkın" dendiği zaman yere çakılıp kaldınız? Âhireti bırakıp, dünya hayatına razı mı oldunuz? Oysa dünya hayatının geçimliliği, ahirete nazaran pek az bir şeydir. Eğer (Allah yolunda) seferber olmazsanız, bu takdirde Allah size can yakıcı azap eder ve yerinize başka bir millet getirir. O'na bir şey de yapamazsınız. Allah her şeye kâdirdir." Kur'ân, bütün müminleri cihada çağırmaktadır. Bu çağrıya icabet edip etmememize göre ya kazanacak veya (Allah korusun) kaybedenlerden olacağız. Ya, münâfıklar gibi, "Bu rahat hayatın zevklerini terk etmek bize ağır geliyor." diyecek ya da Sahâbe'nin yaptığını yapacak ve varımızı, yoğumuzu, her şeyimizi ortaya dökmek sûretiyle seferber olacağız.

Kur'ân Kendisini Okuyanlara Kıyamette Şefaat Edecek

Efendimiz'in beyanlarından öğrendiğimize göre Kur'ân-ı Kerim, ahirette de bizi yalnız bırakmayacak, çok daraldığımız, bize inşirah verecek bir gölgelik aradığımız ahiret gününde bizim elimizden tutacaktır. Bakınız Efendimiz bir hadislerinde bu hakikati nasıl dile getiriyor:

"Kişi kabrinden kalkınca Kur'ân, o kimseyi, rengi değişmiş ve zayıflamış bir hâlde bulur ve: 'Beni tanıyor musun?' der. O da: 'Hayır.' der. O zaman: 'Ben senin arkadaşın olan ve seni şiddetli sıcaklarda susuz, geceleri uykusuz bırakan Kur'ân'ım' der. Sonra o şahsa vakar tacı, anne-babasına da iki değerli elbise giydirilir. Anne-baba bunun sebebini sorunca, çocuklarının Kur'ân'la olan meşguliyeti gösterilir.'

Diğer bir hadislerinde de Allah Resûlü şöyle buyurmuşlardır: 'Kur'ân okuyun! Zira Kur'ân, kıyamet günü okuyana şefaatçi olarak gelir."

Allah'ın sevdiği kullarından İmrân el-Kasîr'in kızı anlatıyor: Babam, "Hayatım boyunca Allah'a itaat edip boyun eğeceğim. Eğer rükû, sücud ve Kur'ân tilâveti olmasa dünyada yaşamayı hiç istemezdim.' derdi. Hep böyle ibadetle yaşadı. Öldüğünde onu rüyamda gördüm ve sordum: 'Babacağım! Bizi terk ettiğinden beri senden haber alamıyoruz?" Babam: "Hayattan ayrılıp kabre giren birinden nasıl haberdar olabilir sin kızcağızım!" dedi. "Nasılsın?" dedim. "İyiyim, çok iyiyim, bize döşekler hazırlanmış, evler kurulmuş burada. Burada cennetten gelen hizmetler içindeyiz. Cennet kokusunu kokluyoruz." dedi. "Sizi bu makama getiren nedir?" dedim. "Samimi bir gönül ve çok Kur'ân okumak!" dedi.

Kur'ân'ı Diğer Kitaplardan Ayıran Özellikler Nelerdir?

Kur'ân-ı Kerîm, en son ilâhi kitaptır. Sevgili Peygamberimiz Hz. Muhammed'in (sallallâhu aleyhi ve sellem) peygamber olduğunu gösteren mu'cizelerin en büyüğüdür. Diğer peygamberlerin mu'cizeleri dönemlerinde bittiği hâlde Kur'ân-ı Kerim mu'cizesi kıyamete kadar geçerlidir. Getirdiği hükümler kıyâmete kadar geçerlidir. Diğer kitaplar gibi toptan değil, zamanın ve olayların akışına göre yaklaşık yirmi üç senede âyetler ve sûreler hâlinde nâzil olmuştur.

Diğer bazı kutsal kitaplar yazılmış hâlde indirilmiş, Kur'ân-ı Kerim'i vahiy katipleri yazmışlardır. Bize kadar Kur'ân, mütevâtir yolla gelmiş, kıyâmete kadar da korunacağını Allah bildirmektedir: "Muhakkak ki Kur'ânı biz indirdik ve muhakkak onu biz koruyacağız." (Hicr, 15/9) Kur'ân'ın tek bir harfinde bile değişme yoktur. Diğer bütün kitaplarda eksiklikler fazlalıklar mevcuttur. Az çok değişmeler vardır. Fakat Kur'ân ilahî koruma garantisi altındadır. Bildirdiği gerçekler kıyâmete kadar bütün insanların ve çağların ihtiyacını karşılayacak değerdedir. Ondaki gerçeklerle ilgili herhangi bir çelişki bulunacağı bir zamanın gelmesi düşünülemez. Başka din mensupları arasındaki ihtilafları, anlaşmazlıkları çözüme kavuşturacak bir özelliğe sahiptir.

Son olarak Kur'ân'ın, tarihte hiçbir kitaba nasip olmayan kolayca ezberlenebilen bir özelliği olduğunu da belirtelim. Kur'ân'ı ezberlemek Allah'ın yardımı ile pek kolaydır.

Nitekim "Yemin olsun ki, biz Kur'ân'ı zikir için kolaylaştırdık." (Kamer, 54/17) âyet-i kerimesi bu hakikati dile getirmektedir. Ülkemizde de hamdolsun pek çok hafız vardır ki, bunların çoğunluğu Kur'ân'ı çocukluk yaşlarında ezberlemişlerdir.

Efendimiz'in İnsanlarla İlişkisi Nasıldı?

Peygamberimiz insanlara çok değer verir, halkla iç içe yaşar, onlardan biri gibi hayatını devam ettirirdi. Bir kimseyle karşılaştığı zaman ilk selam veren kendisi olurdu; tokalaşır, hâl ve hatırını sorardı. Söylenenleri dikkatle dinler, muhatabı ayrılmadıkça yüzünü ondan çevirmezdi. Enes b. Mâlik, Efendimiz'in (sallallâhu aleyhi ve sellem) bu özelliğini şöyle ifade eder:

"Hz. Peygamber (sallallâhu aleyhi ve sellem) biriyle karşılaşıp konuşmaya başlayınca o zat yüzünü çevirmedikçe o kimseden yüzünü çevirmezdi. Biri ile karşılaşıp da elini tutunca, adam elini bırakmadıkça, elini çekmezdi. Ashabı ile otururken ayaklarını asla uzatmazdı."

Peygamberimiz, insana öncelikle insan olduğu için değer veriyordu. Bunun en güzel ve çarpıcı örneklerinden biri şudur: Bir gün Hz. Peygamber sahabeden bir grupla otururken yakınlarından bir cenaze geçmiş ve Peygamberimiz cenazeyi görünce ayağa kalkmıştı. Yanında bulunanlar, onun bir Müslüman cenazesi olmadığını, Yahudi cenazesi olduğunu söyleyerek, 'ayağa kalkmanız gerekmezdi' demek istemişlerdi. Onların bu sözü üzerine Hz. Peygamber: "Müslüman değilse insan da mı değil?" cevabını vermişti.

Peygamberimiz, ashabının dertleriyle ilgilenir, onlardan yakın ilgisini esirgemezdi. Genel meselelerin yanında detayları da ihmal etmemiş ve insanların en küçük dertleriyle bile ilgilenmiştir. Pek çok hâdisede Peygamberimiz'in ashabına karşı ince bir ruh ve zarif nükteleriyle, ne derece derinden ilgi duyduğunu görüyoruz.

Peygamberimiz'in insanlarla münasebetlerinde dikkat çekici yönlerinden biri de kesinlikle zengin-fakir ayrımı yapmamasıydı. O'nun nazarında zengin, fakir, büyük, küçük, efendi, köle; herkes eşitti. Bu yüzden Resûlullah, insanlar arasında ayrılık gözetmezdi.

Efendimiz'in fakirlere özel bir ilgi ve alaka gösterdiğini de görüyoruz. Nitekim bir hadislerinde şöyle buyurmuştur: "Fakirleri arayınız, onları görüp gözetiniz. Zira siz ancak fakirler sayesinde yardım görüyor ve rızıklandırılıyorsunuz." Sahabeden Ebû Zer, Peygamberimiz'in kendisine tavsiyelerini anlatırken, bunlardan birinin, yoksulları sevip onlara yakın olmak olduğunu söylemiştir.

Peygamber Torunu

Kabe'nin içi sayılan Hicr alanında Altınoluk'un altında gözyaşları içinde namaz kılan bir şahıs Tâvus İbn Keysân'ın dikkatini çekmişti. Namazını bitirince yanına yaklaştı ve o kişinin Zeynülâbidin olduğunu fark etti. Onun kendini hırpalarcasına bu şekilde ibadet edişi rikkatine dokunmuştu. Kendisine şöyle hitap etti:

"Üç şeyden dolayı senin ahrette emin olacağını umuyorum. Birincisi; sen Resûlullah'ın torunusun. İkincisi; deden Resûlullah sana şefaat edecektir. Üçüncüsü; Allah'ın rahmeti (Böyle sağlam teminatların varken neden kendini perişan edercesine ibadet ediyorsun?)" Büyük imam bu suale şu şekilde cevap verdi:

"Ey Tâvûs! Resûlullah'ın torunu olmam beni Allah'ın azabından güvende kılmıyor. Zira Cenâb-ı Hak şöyle buyurur: Sûra üflendiği zaman, o gün artık ne aralarındaki akraba tutkunluğu bir fayda verir, ne de kişi bir başkasının hâlini sormayı hatırından geçirir. Dedem Resûlullah'ın şefaatine gelince ona güvenmeme şu âyet mâni oluyor: "... Onlar, sadece O'nun razı olduğu kimse hakkında şefaat ederler..." (Enbiyâ, 21/28) Allah'ın rahmetine gelince şu âyetten dolayı kendimden çok emin değilim: "... Muhakkak ki Allah'ın rahmeti iyi kimselere yakındır." Zira ben bu âyette muhsin olarak nitelendirilen kimselerden olup olmadığımdan emin değilim."

YUSUF KARAGÖL
"Gençlerin Başucu Kitabı"
Yol
REHBERİM
(1)
muştu
YOL REHBERİM - 1
YUSUF KARAGÖL

YUSUF KARAGÖL
"Gençlerin Başucu Kitabı"
Yol
REHBERİM
(2)
muştu
YOL REHBERİM - 2
YUSUF KARAGÖL

YUSUF KARAGÖL
"Gençlerin Başucu Kitabı"
Yol
REHBERİM
(3)
muştu
YOL REHBERİM - 3
YUSUF KARAGÖL

Genç İnsan
ve
Namaz
HASAN DARCAN
GENÇ İNSAN VE NAMAZ
HASAN DARCAN
muştu

GENÇ İNSAN VE RAMAZAN
DR. FARUK VURAL
GENÇ İNSAN
ve
RAMAZAN
DR. Faruk VURAL
muştu